编著

新教育文库　家庭生活教育丛书

如何建设书香家庭

山西出版传媒集团　山西教育出版社

《家庭生活教育丛书》编委会名单

编委会主任

朱永新

编委会副主任

孙云晓　陶新华

编委会成员

（按首字母拼音排序）

边玉芳　陈　洁　樊青芳　范伟霞　冯楠楠　谷　昳
郭　铭　郭瑞玲　郝瑞霞　洪　明　霍艳霞　康丽颖
李　楠　李　荣　李　巍　李小丽　李一慢　李媛媛
刘凤霞　刘美霞　吕萍萍　孟秋芹　孟兴国　秦张伟
任思颖　单志艳　唐静姣　王　佳　王　昕　王翠芳
王国红　王艳霞　王张晖　吴重涵　吴海燕　谢项鹤
徐　瑛　闫玉兰　杨　睿　杨艳霞　殷　飞　甄丽娟

丛书主编

孙云晓

丛书副主编

蓝　玫　赵　晶　弓晓俊　卢　宇

家教兴万家

——《中国家庭教育文库》总序

朱永新

家和万事兴,家教兴万家。

家庭是诞生人的摇篮,家庭是教育最重要的一环。童年是人生最神奇的阶段,父母是孩子最长久的老师。

家庭教育的问题,如今已经引起了全社会的广泛关注。许多父母开始自觉地意识到,教育不仅仅是学校的事情,更是家庭的责任,是父母的天职。许多学校开始自觉地认识到,好的教育离不开家庭的参与,家校合作共育,教育才能够有美好的未来。

但从总体来看,家庭教育的重要性还远远没有得到足够的认识,全社会的教育素养也落后于世界发达国家的水平。

其实,我发起的新教育实验,在十几年的实践中一直重视两点:阅读和家庭。如果说阅读是教育最重要的抓手,家庭就是教育最重要的基石。为此,我们新教育研究院成立了两个研究所:一个是新阅读研究所,一个是新父母研究所(后更名为"新家庭教育研究中心")。前者抓书目研制,先后研制发布了"中国幼儿基础阅读书目""中国小学生基础阅读书目"等针对不同读者人群的各类基础阅读书目,解决"读什么"的问题;抓"领读者"计划,解决"如何读"的问题。后者通过"萤火虫网络讲座"等项目抓父母的教育素养普及与提升,通过萤火虫工作站"萤火虫亲子共读"等项目开展各类亲子教育活动,通过"新父母学校"等项目帮助父母和教师携手打造家校教育共同体。之后由我推动发起,新教育研究团队在北京独立注册了"国本家庭教育研究中心",开展家庭教育研究、新父母读本的编写等工作。我一直认为,把阅读和家庭两个难点抓住,在家庭里播下阅读的种子,让孩子在进入学校以前就已经热爱阅读,具有初步的阅读习惯、阅读能力,我们的教育自然会更有成效。

在受中国教育学会委托担任家庭教育专业委员会理事长以后，系统研究家庭教育理论、全面总结家庭教育的经验、及时指导我国家庭教育的实践就成为我面临的重要使命。近年来，我一直在思考如何更好地完成这一使命，如何调动各种资源，为繁荣中国家庭教育研究、推广家庭教育的先进理念与方法，进一步做出贡献。

在这样的背景之下，在新教育研究院、国本家庭教育研究中心等机构，以及全国家庭教育理论研究工作者、一线优秀教师、广大父母的参与和支持下，我们推出了这套《中国家庭教育文库》。

《中国家庭教育文库》包括《中国家庭教育蓝皮书》、《中国家庭教育研究书系》、新父母教材《这样爱你刚刚好》、《家庭教育译丛》和《家庭生活教育丛书》等。其中《中国家庭教育蓝皮书》是由国本家庭教育研究中心主持编写的年度家庭教育报告，分析中国家庭教育的最新发展情况，汇集每年中国家庭教育的理论研究成果和实践探索。《中国家庭教育研究书系》收录家庭教育相关学术研究成果，包括年度家庭教育国际论坛的论文集，以及著名专家的个人文集等。新父母教材《这样爱你刚刚好》是在中国教育学会家庭教育专业委员会与新教育研究院学术支持下，由国本家庭教育研究中心、中国青少年研究中心、上海师范大学联合编写，供学校或机构在各类家庭教育培训中使用。《家庭教育译丛》将陆续引进国外关于家庭教育的著作，为我们了解世界各地家庭教育的研究成果打开一扇窗户。而《家庭生活教育丛书》立足于家庭生活场景和学校工作，为家庭教育工作者，包括教师及广大父母倾心编撰，以更好地指导家庭教育工作，促进家校合作实践。

或许，我们的努力仍然是稚嫩的，甚至难以逃脱"初生之物，其形也丑"的常态。但是，我们将以《中国家庭教育文库》用心记录中国家庭教育的发展进程，收录家庭教育的最新研究成果，不断完善，不断提升，为推动中国家庭教育的高质量发展做出我们的贡献。

写于北京滴石斋

目　录

序言：共读，是最好的亲子沟通工具　001

第一章　幼儿园

阅读铺垫　教育路上书香盈满
邢台市信都区幼儿园书香家庭建设之路　002

班级篇
你好绘本　你好飞飞　019
书香浇灌的友情　026
"彩虹花"成就的缘分　034
书香打开的童心　049

家庭篇
"宝贝"抢夺战　057
读书那点事儿　065
绘本润童心，读书促交往　071
行走着、阅读着、成长着　076
亲子共读伴成长　084
一本绘本引发的阅读之旅　093
阅读助力幼小衔接　104
阅读打败情绪小怪兽　109
在阅读中学整理　117

第二章　小学

家校共育　书香路上携手同行

邢台新教育第一实验小学书香家庭建设纪实　124

班级篇

班级因书香而精彩　139

绘本促进成长　书香点缀童年　146

"蒲公英班"孩子们的幸福寻梦记　154

让教育返璞归真　161

借助"五个一"　沉浸书香里　169

苔花如米向阳开　176

家庭篇

读书,给了我一个新孩子　183

"小书虫"养成记　190

儿子心目中的"四大名著"　196

亲子阅读养成记　203

书声悠悠　明净如歌　209

以书为友　岁月留香　216

阅读丰盈生命　226

阅读,让生命欢喜　235

第三章　区域

书香太行　促进家庭教育赓续发展

邢台市信都区在阅读实践中的有益探索　242

后　记　261

序言：
共读，是最好的亲子沟通工具

蓝 玫

习近平总书记在致首届全民阅读大会举办的贺信中提到，"阅读是人类获取知识、启智增慧、培养道德的重要途径，可以让人得到思想启发，树立崇高理想，涵养浩然之气"。中国人自古就有"耕读传家"的传统：欧阳修曾说，"立身以礼学为先，立学以读书为本"；苏轼的《三槐堂铭》中，也有"耕读传家躬行久，诗书继世雅韵长"的名句流传至今。可见，要实现立德树人的教育目标，阅读的重要性是不言而喻的。

随着《中华人民共和国家庭教育促进法》的颁布实施，家庭教育已经正式走进了法治阶段，这不仅意味着父母需要以更科学的方式来教育孩子，同时意味着父母自身的学习和成长也成为一种责任。在当前的家庭教育中，父母对把孩子培养成为怎样的人，如何培养人等根本问题的认识，仍然存在很大的误区。尤其在认识儿童、理解儿童、尊重儿童等方面，很多父母仍然是不会做或者做不好。近年来，因为父母和孩子之间缺乏沟通理解，由琐事导致冲突而引发的悲剧时有发生，作为亲密关系双方的父母与孩子之间，反倒成了最容易出现问题的地方。针对这样的现状，在家庭中推动父母与孩子进行亲子共读，不仅是父母与孩子共同成长的必由之路，更是构筑父母与孩子之间共同的语言密码，进而增进亲子关系的有效方式。

在本书中，无论是邢台新教育第一实验小学"三进阶+"的书香家庭建设模式，还是信都区幼儿园的"五个一"书香家庭建设活动，都是借助推动阅读来指导家庭建设，借助阅读来进行家校共育的环境改良，是一项指向"培根"的育人工程。本书所呈现的是在家庭存在城乡差异和经济水平差异、家长存在文化程度差异和教育理念差异等问题的现状中，区域教育主管部门以阅读推动教育公平的有效举措，在推动"家校社"共同育人行动中的责任和担当。

书中那些因开展亲子共读而改变的家庭中发生的感人故事，也给读者带来了诸多启发与思考。例如因为意外大脑受损的小鸣，发病的时候狂躁不安、歇斯底里，父母心疼焦虑、痛苦万分但又无可奈何。当妈妈遇到一本《公主和魔鬼》的图画书后，忽然意识到，儿子的心里也有一个需要父母帮助他一起战胜的"魔鬼"。从此，妈妈开始了和孩子一起"边读边看、边读边玩"的亲子共读之旅，孩子对阅读从开始的抗拒到后来的喜欢，情绪也随之从开始的随时爆发到后来可以自主控制，这可喜的进步，就是数年来坚持亲子共读的成果。例如在博丞家这个大家庭中，不仅全家共读四大名著，还一起上阵表演四大名著。当祖孙三代在家里"大闹天宫"的时候，一举一动中流露出来的对角色的理解，也成为家人之间走进彼此内心世界的一扇大门，更让一个家庭其乐融融的幸福溢出了文字之外。

亲子共读最大的作用是，它可以成为亲子沟通的最好桥梁。父母教育孩子，最忌讳的方式就是说教甚至唠叨。很多父母看到孩子身上的"问题"，第一反应往往是因为被情绪控制而对孩子进行责难、惩罚，以为这样即可实现使孩子记忆深刻的目的，但显然这是一个非常错误的方法，因为这样做根本无法真正解决问题，而是暂时掩盖了问题。孩子为了逃避惩罚，会选择隐瞒真相、拒绝沟通，甚至以对抗来抵御可能面临的伤害。但父母如果通过和孩子共读一本书、共讲一个故事，尤其能以书中的故事作为工具，让孩子通过书中主人公的遭遇，以及书中角色面对困境时做出的选择为参照反思自己的行为，就很容易提升父母帮助和教育孩子的能力，更容易帮助孩子提升情绪管理能力，从而更理智地解决问题。

对父母来说，参与和孩子的"共读"，需要的不仅是热情，还需要在营造共读氛围、选择好共读书目、及时进行交流并给予反馈等方面提升陪伴孩子共读的能力。在这个过程中，学校及老师的专业指导就显得尤为重要，而父母对老师和学校的无条件信任和全力配合，以及持之以恒的决心等都是亲子共读彰显成效必不可少的重要条件。

本书不仅给广大父母在教育子女方面以思考和收获，还对老师在携手父母、指导父母共同营造和谐共育氛围方面，呈现了对读者具有启发和示范作用的真实案例，值得一"读"为快。

第一章 幼儿园

阅读铺垫 教育路上书香盈满

邢台市信都区幼儿园书香家庭建设之路

"阅读和家庭是整个教育最重要的基石,而阅读与家庭两个基石,本身又可以合并成一个更大的家庭基石。"新教育实验发起人朱永新教授曾这样阐述阅读与家庭在教育中的重要性。依托阅读奠基,实现家庭教育同频共振,是邢台市信都区幼儿园一直探索提升的方向。

2012年至今,邢台市信都区幼儿园立足阅读和家庭这两个基石,逐步构建起"十八般武艺"大阅读体系,一方面精心培养种子教师,以优质的教师团队作为引领阅读的中坚力量;另一方面以绘本阅读为核心,以亲子共读为桥梁,开展亲子阅读活动,丰富家庭联动形式,营造书香家庭氛围,让家庭成为孩子阅读的延伸课堂,大力建设书香家庭。

一、初识绘本,触发书香家庭理念

2012年,樊青芳园长第一次接触绘本,她敏锐地感受到绘本是学龄前儿童的最佳读物。她认为,假如老师、家长能有意识地和孩子们一起进行绘本阅读,孩子们将从小培养良好的沟通能力,提升认知能力和理解能力,具有较高的艺术修养。于是,很快一批经典绘本就走进了孩子们的世界。生活需要仪式感，阅读绘本也需要仪式感。信都区幼儿园正式引进绘本后，在固定时间，以具有仪式感的形式开展了晨读、午会、晚讲和园长故事会阅读活动。"老师，您今天早晨讲的故事真好听。""老师，中午给我讲个故事吧，我一定乖乖睡觉。""老师，我不想走，还想听园长妈妈讲故事，她讲的故事比爸爸讲的有意思多了！"无论是上学还是回家，听老师讲绘本故事成了孩子们最盼望的时刻。

邢台市信都区幼儿园郝瑞霞园长和孩子们一起分享绘本故事

随着幼儿园对孩子们阅读习惯的渗透和阅读能力的培养，发现了一些问题，即由于孩子们的生活环境不同、家庭条件不同、阅读经历不同，表现出的阅读需求和关注面也不同。男孩子爱看《我是霸王龙》，女孩子想听《我的连衣裙》，班级共读一本书，老师无法满足每个孩子的阅读需求，这种"一对多"的阅读方式也不能及时发现和支持孩子的阅读关注点。苏联教育家苏霍姆林斯基说过："家庭要有高度的教育学素养，如果没有，那么不管教师付出多大的努力，都收不到满意的效果。"学校教育的成败与家庭教育的支持密切相关。想要让绘本发挥更好的教育效果，让孩子们从阅读中受益，就一定要做好家长工作，推广亲子共读，实现家庭教育同步，构建书香家庭。

二、多措并举，厚植书香家庭沃土

（一）提升共读认知，老师专家两步走

为了打造书香家庭，我园发起了开展"五个一"活动的倡议：即"一书架""一本书""一刻钟""一陪伴""一记录"。建议家长专门准备适合3~6岁孩子拿取方便的书架，陪伴孩子用"一刻钟"的时间亲子共读优良正版书籍，亲子共读时父母必须保证专注、投入，用"一张纸"记录孩子阅读后的收获，或者引导孩子以绘画的形式输出自己的阅读结果。

倡议发出后，满怀热血与憧憬之心的老师们却被家长们迎头泼了一盆冷水。"老师，能不能不给找这么多事啊，一天工作那么累，真没精力。""我们花钱把孩子送到学校是让老师教的，读这书那书的没用，会认字、写字就行。"个别家长的质疑打击了多数家长的参与热情，参与"五个一"行动的家长少之又少。

为了尽快使家庭阅读意识达成共识，幼儿园决定提升亲子共读认识度，老师专家两步走。一方面，班级老师开展"周末故事会"，利用周末时间邀请家长和孩子一起参加线下阅读活动，老师们以情景游

戏的方式讲《点点点》，以角色扮演的方式讲《你看起来好像很好吃》，以绘画的形式讲《情绪小怪兽》，老师们为家长做出良好的亲子共读示范，手把手地教家长亲子共读的技巧。另一方面，幼儿园邀请儿童发展研究学者和家庭教育指导师为家长们带来全新的绘本阅读教育理念，提升家长的认识高度。儿童阅读实践者推动者、爱阅团发起人李一慢老师结合自身育儿经验讲述营造良好家庭阅读氛围的方法，北京蒲蒲兰绘本馆幼儿阅读指导专家、旅日学者林静教授告诉家长如何培养幼儿的良好阅读习惯，北京电台著名主持人小雨姐姐为家长传授科学有效的讲故事方法。

家长们在参加活动后开始反思自己，一位家长在会后的留言板上写道：专家的讲座和老师的引领让我醍醐灌顶，亲子共读其实不是教孩子如何阅读，而是引起孩子想要阅读的欲望。还有一位忙于工作的职场妈妈感受到孩子对自己的疏远，在老师的感召下开始坚持亲子共读，找到了属于自己和孩子的情感交流密码，从而改善了亲子关系，还专门致信感谢幼儿园的老师和领导。

一句阅读意识觉醒的留言，一封充满感激与迫切的书信，都证明了亲子共读的力量，越来越多的家庭改变了对亲子共读的认识，行动起来，积极落实"五个一"活动：有的家庭选择将光线明亮、安静舒适的房间布置成"阅读小屋"；有的家庭购买易于拿取、便于展示的书架，配上绿植和软垫，打造阅读角；有的家长在班级群晒抱着孩子讲绘本的照片；有的家长分享亲子共读的心得，展示孩子读书后的绘画作品。通过亲身实践，家长们也逐渐看到了孩子们在阅读中的改变，他们发现孩子们会自己主动拿书看，会给来家做客的小朋友讲故事。郭宸纲妈妈说孩子每天来园、离园手里都得拿着书，去年刚入园时只能说简单的单字音，现在孩子都能说出带词的句子。韩子墨在小班下学期参加"天一杯"少儿讲故事比赛进入前六名，评委都感到吃惊，这和妈妈坚持亲子共读有莫大的关系。家长们真切地感受到孩子们在阅读过程中的改变，看到了阅读带来的惊喜和收获，树立起建设书香家庭的自信心。

（二）指引共读方向，解决阅读难题

信都区幼儿园有五所分园，其中城市园三个，农村园两个，地域的不同决定了家长们的文化程度和经济水平也不尽相同，在打造书香家庭中也遇到了不同的问题。有的家长舍不得买正版书，有的家长不会选择适合自己孩子的书，还有的家长三分钟热度，无法坚持亲子阅读。

为了减轻家庭购书压力，提高家庭图书质量，指导家长科学选书，我园开放园所里的绘本馆，根据大、中、小班幼儿年龄特点制定了推荐阅读书目各100本，3~4岁的孩子可以借阅短小的儿歌故事、韵律感强的童谣，比如《一园子青菜成了精》《穿花衣》《我们要去捉狗熊》；4~5岁的孩子可以选《糟糕，身上长条纹了》《大脚丫跳芭蕾》《今天运气怎么这么好》来体会作品中的喜悦、担忧等情绪；5~6岁的孩子可以根据"线索猜想""续编""创编"等关键词找到《神奇的小石头》《小石头变变变》《鸭子骑车记》《猜猜我有多爱你》等绘本。幼儿园还和公益组织第二书房合作，申请了"百城千群万里书香"大型图书漂流活动，利用第二书房为家长和幼儿提供图书，208个家庭通过筛选参与其中，第二次的图书漂流活动，来自农村园的94个家庭也积极加入进来。

邢台市信都区幼儿园祁村分园开展图书漂流活动

  通过幼儿园科学有效地推荐阅读书目和大量的优质绘本，扫除了书香家庭建设的障碍，家长们也逐渐学会了如何挑选适合孩子的绘本书，并在老师制定的漂流规则指导下，和孩子一起绘制图书漂流动态图，保证孩子们的阅读成果。

  为了帮助有行动没毅力的阅读"困难户"，幼儿园开展亲子读书沙龙和"幼荷聊书吧"，发起"书香家庭""阅读之星"评比活动，用一群人的力量带动一个家庭的转变。家长和孩子们在亲子读书沙龙中分享家庭读书故事，交流读书心得，推荐最近自己家在读的几本好书。读书多的家长和小朋友在分享时侃侃而谈，展示读书的视频或者照片，对亲子共读进展缓慢或者中断的家庭是一种无形的督促。许多家庭通过读书沙龙结成书友，在彼此的支持和监督下坚持阅读。根据阅读打卡次数制定的"书香家庭""阅读之星"评比活动，更激发了家长和小朋友的读书热情，一个月的时间，从只有十几个阅读打卡家庭变成了100个，家长在群里发起赶超宣言，要和指定的小朋友比读书数量、比展示质量，在这种你追我赶的读书热潮中，参与评比活动的家庭数量逐步攀升，200个、300个、400个……全园1100个家庭，参与打卡的有1079个，坚持打卡不中断，每月共读20天以上的家庭就有601个。这一串串数字的背后是每个书香家庭坚持亲子共读的决心，是每个"书香小屋"散发的浓浓书香。

（三）推荐共读方法，引领科学伴读

一天，在幼儿园的办实事信箱里，发现了署名"洋爸"的信件，信里诉说了家长的苦恼，他说在和孩子共读时，孩子经常坐不住，不训斥怕孩子养成不良习惯，训斥怕引起孩子对阅读的反感。遇到类似问题的家庭不在少数，为了解决这一问题，我园和慢学堂创始人、亲子共读金牌推广人李一慢老师沟通交流，制定出适合孩子天性的亲子共读"十知道"，建议父母在进行亲子共读之前，能够掌握这些注意事项：

1. 首先让亲子共读这件事情变得美妙。
2. 在每天相对固定的时间共读，以便形成习惯。
3. 共读的形式以小声朗读为主，声音大小以亲子之间能够听清即可。
4. 切记，不要将亲子共读的过程变成认字的过程。
5. 不要过早地让孩子一个人独立阅读。
6. 不要在孩子看电视或玩玩具的时候命令他去阅读。
7. 不要让孩子以为亲子共读只是妈妈一个人的事情。（陪伴不能缺失父亲的位置）

8. 与孩子平等地聊书里的内容。

9. 贵在坚持。

10. 亲子共读不只适合于幼儿，还适合所有的家庭成员，因为其本质是亲子共同度过快乐美好的阅读时光。

中班小叶妈妈了解了"十知道"后深有感触，她说："我对孩子要求有点高，每次和孩子读书总想告诉他这个字是什么，那个字是什么，慢慢地我发现孩子越来越不喜欢读书，我一直以为是孩子越来越调皮，殊不知是我的共读方法有问题，我要把'十知道'贴在书橱上，时刻提醒我自己。"

凡凡妈妈说："我知道读书对孩子来说是件很重要的事情，所以每次发现她看电视时间过长，就会要求她关掉电视，自己看书。孩子都会不情愿甚至是不理睬，原来是时间和时机的选择不对。"类似这样的家长反馈都能在班级群里看到，科学的共读方法慢慢地被家长们认可，对照自己、要求自己，"十知道"成了家长心里的"十必须"。

书香家庭之亲子共读时光

三、培育主力家庭，原创绘本带动队伍发展

当阅读成为一种生活，孩子们的改变也就自然发生了，孩子们的认知能力、观察能力、沟通能力、想象力、创造力在日复一日的阅读中有着潜移默化的转变。阅读优质绘本有这么多好处，我们能不能做出属于信都区幼儿园特色的绘本呢？展现绘本的魅力难道只有阅读这一种方式？樊园长立足幼儿日常生活，结合幼儿爱玩的天性，和老师、孩子们一同创作了手印画绘本《穿花衣》，以专业教师团队为引领，尝试把绘本阅读推向看、听、说、玩多元发展阶段，为书香家庭建设再添一把柴。

原创绘本《穿花衣》研讨活动

《穿花衣》这本书包含13种动物的手印画，孩子们可以在观看画面的过程中感受四季变化、体验色彩之美；在聆听父母讲读文字的过程中，感受童谣的韵律、欢快的节奏；在开放式的结尾中，发挥想象、创意续编；在和爸爸妈妈一起读童谣时，制作属于自己的手印画，记录亲子的美好时光。老师们还用这本书创编游戏，比如扮演书中角色表演绘本剧，比如边说唱童谣边跳竹竿舞，比如一起表演活灵活现的皮影戏，等等，这些丰富有趣的游戏让孩子们沉浸在《穿花衣》的精彩世界中。

　　一书多种读法，一书多种玩法，我们的原创绘本《穿花衣》打开了亲子阅读的新思路，许多孩子和家长也有了做一本自己的绘本书，把自己的故事讲给别人听的愿望。书香家庭的建设不再仅仅满足于单纯的阅读，开始朝着创作型转变。听了绘本《好饿的小蛇》，孩子开始天马行空地续编《小蛇还会吃什么》；看了《朱家故事》，父母和孩子收集家庭照片，制成记录家庭故事的成长册；春暖花开去郊游，一本手绘的郊游记绝对是独一无二的好故事。为了指导家长做出更具特色的原创绘本，幼儿园邀请台湾知名作家、两岸阅读推广人方素珍女士和《跑跑镇》作者麦克小奎老师开展绘本创作专题讲座，从绘本制作的材料、形式、技巧等方面给予家长指导。讲座后，有的家庭深受启发，根据孩子的喜好，做出蝴蝶形状、树叶形状、花朵形状的异形书，根据不同材质做出了枕头书、洗澡书、洞洞书，就连书的翻页形式也发生了变化，伸拉式、开花式……这样的原创绘本不仅孩子们喜欢翻看，大人们也喜欢翻看。

　　除了创作形式的改变，幼儿园也注重引导家庭绘本创作的故事性。在重阳节,我园开展"爱老、敬老"主题绘本创作活动,除了让孩子们了解重阳节的来历和习俗外,还鼓励孩子们提前准备一些和爷爷奶奶有关的绘画作品或照片,在幼儿园和爸爸妈妈一起装订成一本感恩绘本。在制作的过程中,孩子们认真涂画、选照片,边做边讲着和爷爷奶奶在一起的故事,有些孩子甚至情不自禁地站起来讲给旁边的伙伴听,场面温馨感人,乐得家长直夸孩子懂事。一次亲子绘本制作,没有说教,只有身体力行地让孩子们感受到"尊老、敬老"的优良传统,使孩子们从小培养感恩之心,又学会了用恰当的方式向祖辈表达自己的感恩之情。

和孩子一起创作绘本,可以重新认识孩子、理解孩子、发现孩子。每每在班级图书角看到亲子制作的绘本,家长们的脸上都是满满的自豪,孩子们也是格外的欢喜。通过绘本创作,孩子可以更了解书、亲近书,以更高的热情去打造自己的书香家庭。趁着这股创作热潮,我园蓄势开展了"把你的故事说给大家听"首届原创绘本大赛活动,征得一大批优秀原创作品,其中亲子原创绘本121本,教师作品12本,很多作品参加河北省原创绘本大赛,荣获省级二、三等奖。成绩是肯定,更是鼓励,自此,每年的4月份,我园都会开展原创绘本大赛活动。

以读书促创作,以创作促发展。这些爱上原创绘本的家庭成为我园建设书香家庭的主力军,他们对阅读的热爱和对创作的热情带动了更多家庭深入书香家庭的建设中,越来越多的孩子乐于和家长一同读绘本、演绘本、创作绘本。

亲子服装秀《快乐童谣》

信都区幼儿园随后开展了绘本剧展演、阅读大剧场、义工故事大赛，鼓励家长和孩子将书香家庭"小表演"搬上"大舞台"。根据新童谣《荷花姑娘模样好》改编的模特表演绘本剧，在作者杨舒棠先生和姜来女士的活动现场进行了展示，受到两位作者的称赞和肯定；拉幕解说式的绘本剧展演《跑跑镇》，在作者麦克小奎的分享会上带给大家耳目一新的感觉；微电影绘本剧《你送玫瑰，我送什么呢？》被作者方素珍女士夸赞是"最感动的礼物"。皮影戏《好饿的毛毛虫》登上了全国新青年艺术节的舞台，光影剧《三角形》走到了西安，和作者麦克·巴内特见了面，得到这位绘本创意大师的肯定和好评。参与的师生、家长在表演中得到快乐，收获新知，对绘本有了更多和更深层次的认识，也让书香家庭开展的活动形式更加丰富。

四、开展专业阅读，提升书香家庭建设质量

丰富多彩的阅读展示活动，为孩子和家长们搭建书香家庭展示平台，我园的专业阅读活动建设也随之展开。

(一)开发主题课程,让书香浸入真实生活

为了提升教师教育素养,从而更专业地指导家庭亲子阅读活动,信都区幼儿园挑选培育了一批种子教师,组成教学骨干小组。这批骨干教师对照《3~6岁儿童学习与发展指南》,以传统节日和季节为主题筛选绘本,研讨开发出具有园所特色的园本课程——《绘本阅读主题课程》。以12月主题"冬至"为例,老师们首先收集与主题有关的图画书书目,《冬至节》《下雪了》《雪花的故事》《喜欢暖暖的猴子》《雪地里的脚印》等,再根据绘本与主题相结合的原则,确定主题活动——小班堆雪人、中班包饺子、大班探究雪花秘密或创办冬季画展,老师的各项活动都围绕冬至绘本开展,孩子们通过主题活动加深对绘本的认识,进而回家和父母共读更多关于冬天的书。

5月的劳动节活动,老师分享了《环游世界做苹果派》,让孩子们知道做苹果派其实很简单,只要有一个想做苹果派的孩子和一份小朋友都能读懂的材料清单就可以。这一下子把小朋友的制作兴趣激发起来了,于是老师推荐父母和孩子共读《妈妈买绿豆》,中三班的小涛和爸爸妈妈就在家里发起"绿豆盛宴",发绿豆芽,做绿豆糕,喝绿豆汤,还一起制订家庭健康绿豆食谱。孩子们发现绘本里的故事情节可以复制到自己的生活中,自己有过的生活经验也可能出现在绘本里。更多的孩子想要像小涛一样,从绘本里去寻找生活,想要读更多推进生活的绘本。

读书不再是认识呆板的文字,而是通过跳动的文字读懂生活的意义,享受生活的美好,主题阅读课程更加科学、全面地将绘本渗透到孩子一日生活当中,融入书香家庭建设之中,使阅读活动变得更加有趣,彰显出新的生命力。

（二）转变教学模式，让乐趣充满书香童年

我园的专业阅读活动建设一手抓课程研发，一手抓教学改革，在深入研究老师、幼儿、家长关系后，主张把亲子阅读放在首位，提出绘本阅读家园合作的新模式——翻转课堂。首先，老师发布本月共读书目，请幼儿和家长先进行共读。其次，鼓励他们在一对一的对话环境中对绘本进行充分的讨论，家长通过填写亲子阅读成长记录表记录孩子的收获和疑问，并反馈给班级教师。最后，老师根据家长亲子阅读反馈和幼儿课堂分享生成新的课程。

孩子们带着亲子阅读的经验来到幼儿园，对绘本的了解更加有深度，在和老师、同伴共享的过程中有话想说，有话能说，提出的问题角度多样、内容深刻，显示出他们在阅读中对某一个话题的关注和探索。老师在倾听过程中引导孩子们一起探寻答案，给幼儿提供探索学习、质疑思考的机会，注重总结解决问题的方法，让幼儿学会处理类似问题的途径和方法，授之以渔而非授之以鱼。

翻转课堂模式要求老师把更多的阅读指导精力放在支持幼儿深入阅读，生成具有班级特色、个人特点的活动课程上。孩子们共读了《好忙的鸟》，对鸟的外形、名称感兴趣，就可以生成美工活动，小班的幼儿涂涂色，中、大班的幼儿做线描或者是户外写生，也可以生成科学活动，在科学区饲养一只鸟或一只鸡，记录它的饮食、睡眠，激发孩子们探索其他动物生活习性、生理构造的欲望，进而在家里读《动物绝对不应该穿衣服》《想当公鸡的鼠小弟》《可爱动物操》。还可以生成社会实践活动，请家长和幼儿到户外去寻找身边的鸟，了解树和鸟的关系，再深入去读《再见，小树林》《爱心树》《树真好》。从大量的阅读中孩子们就会理解人与自然和谐相处的重要性，开阔眼界、增长见识，阅读自然而

然就会成为幼儿和家长开展亲子活动的最佳选择。

  课堂结构的变革将阅读活动主角从老师转变为幼儿，阅读活动的形式也转变成易于幼儿接受和喜爱的游戏。2017年9月，在时任信都区幼儿园园长郝瑞霞的带领下，老师们将绘本主题阅读与区角游戏相融合，开设不同区角，投放丰富的游戏材料，让孩子们在动手操作和游戏中得到经验的积累、情感的滋养和智力的提升。老师结合绘本《一园青菜成了精》，制作游戏材料"蔬菜大作战"：通过盲选纸杯，确定纸杯内底部的蔬菜，再去战斗值表中找到相应的战斗值进行比较，谁的数值高，谁就是获胜方，就能赢得输方的纸杯。孩子们在游戏中明白要多吃水果蔬菜，不挑食。有些用心的父母看了老师开展的区角活动，举一反三做出了很多类似的小玩具，和孩子一起玩这些"自制玩具"，增加了更多的家庭乐趣。游戏促使孩子们喜欢阅读、爱上阅读，营造出良好的家庭共读氛围，阅读的乐趣和亲情的陪伴成为信都区幼儿园父母追求的幸福感。

五、品味书香，厚积致远

  上小学的孩子父母谈起信都区幼儿园，说得最多的就是感谢幼儿园对孩子阅读习惯的培养，当浸入书香家庭的孩子们离开幼儿园时，读书已经成为他们刻在骨子里的习惯。

  西西小朋友已经上了小学一年级，在她妈妈寄来的感谢信中讲述了孩子的几件趣事。西西对读书特别痴迷，上自天文地理，下至历史文学，无论是经典名著还是童话故事，她都喜欢看，吃饭要看、上厕所也要看，以至于有些书的书页上留下明显的油渍、黑渍。妈妈常说："西西啊，你这哪是看书，简直是吃书！"还有一次西西兴冲冲地说自己要上台给全班同学讲故事，询问原因，她竟然轻描淡写地说："老师说我肚子里的书多呗！"真是腹有诗书气自华，那种从内而外散发的自信光芒，让妈妈暗暗窃喜。现在读书已经成为西西家庭生活中不可或缺的一部分，曾经陪伴孩子一起打造的书香小屋是最宝贵的家庭财富。

"不积跬步无以至千里，不积小流无以成江海。"每一位和西西妈妈一样认真参与书香家庭建设的家长都获益匪浅，他们找到了属于自己的情感密码，在书香中沟通彼此感情，在书香中激发学习兴趣，在书香中博闻强识，在书香中增长见识。对于他们来说，书香家庭不是结束了，而是一个新的里程的开始，要继续牵着孩子的手，用书籍打开世界的大门。

晨钟暮鼓，不辜负汗水和前路；破釜沉舟，不愧对时光和努力。邢台市信都区幼儿园付诸十年教育实践，努力把阅读打造成园所的金字招牌。现在的信都区幼儿园荣获"市级家长示范性学校"称号，拥有八位高级家庭教育讲师，上千位义工家长，开展公益家庭讲座数十场，研发家庭教育园本课程，《构建十八般武艺大阅读体系》入选2020年中国教育新闻网书香校园优秀案例。

阅读奠基，教育引领，在孩子们向光前行的道路上，有专业教师的点拨，有书香家长的守护，有丰富书籍的陪伴，细雨滋润，暖阳照耀，生命胚芽生长拔节，精神世界充实有趣。"最是书香能致远"，邢台市信都区幼儿园愿与所有以书为伴的家庭一起，继续推进书香家庭的建设，叩石垦壤，筑基铺路，让阅读熏陶孩子心灵，培养健全人格，提升精神素养，向前道路书香引，书香盈满人生路。

点评：

邢台市信都区幼儿园对于绘本阅读的实践与专业的教学探索有着深厚的积淀，针对学校不能很好地满足不同孩子的阅读需求问题，找到了切实可行的办法，即大力倡导亲子共读，解决了许多教育难题。在具体实施的过程中，首先达成了家长们对于阅读的共识，这是至关重要的；其次是提供了科学的阅读方法指导，通过不同的阅读形式，可读、可演、可创作……让亲子阅读变得更加有趣好玩。更难得的是，信都区幼儿园不断提升绘本专业研发能力，让孩子、父母、老师参与创作研发，这对于其他幼儿园的阅读活动开展具有很好的借鉴作用。

◆ **班级篇**

你好绘本　你好飞飞

邢台市信都区幼儿园　邓华丽

"飞飞抢我搬的椅子坐,我不想跟他同一组表演。"

"他什么事都不跟我们商量,老是指挥我们,太没意思了……"

"户外游戏的时候,他都把我挤倒了。"

"他指挥其他小朋友推倒了柜子,柜子上的花盆全部都被打烂了,全部花都受伤了,太可怜了!"

在班级里,飞飞总是被告状最多的那个人——在集体活动、区域活动、户外活动等一日生活的各个环节,飞飞一贯地好动、霸道,让大家非常气愤,都快成了其他幼儿的"公敌"了。

我想演绘本

区域活动中……

"喂,我扮演小黑鸡,我穿上衣服就很像!你们谁都不能跟我抢。"飞飞闯进同伴人群,大声说道。

飞飞的闯入显然打乱了其他小朋友的绘本故事排演，绘本表演的小演员们都悻悻离去。"西西，西西，快点告诉我你想表演什么角色？"飞飞还不过瘾，紧接着命令式地问西西。西西瞪了他一眼，生气地扭头走了，一句话也没说。终于到了分享环节，我用多媒体再现了飞飞想当导演的整个过程。这一生动形象的重现，吸引了小朋友们的眼睛。看到飞飞欲言又止的样子，我用正确的方式向飞飞发出邀请，也是给大家做榜样示范："飞飞你好，请你告诉小朋友们你最喜欢绘本故事里的哪个角色？为什么？好吗？""你愿意为小朋友们演你喜欢的角色吗？"

飞飞满口答应："没问题啊！"看他的神色，脸上写满了"这正是我想要的啊"！

紧接着我悄悄地在他耳边轻轻私语："要是你也能文明地邀请小朋友和你一起表演，那就更好了！"

飞飞紧锁着眉头，挠了挠小脑袋低下了头，犹豫了片刻后，又很快抬起头，让小朋友们看到了他自信的神情。他模仿起我的语气、神情，主动承担起组织者的角色，惟妙惟肖地邀请并引领各角色创意扮演，颇有男子汉的气度。

表演刚结束，孩子们就纷纷走过来与飞飞握手拥抱，大家都说："我们不喜欢小黑鸡，我们都喜欢文明友好爱表演的你。"得到一个又一个拥抱的飞飞，高兴得脸上红彤彤的。

此后，我总是尝试着让他多关注别人的合作活动，尝试让他明白活动规则的重要性。每一次他都会信誓旦旦地承诺会和其他幼儿合作、会按规则活动，可等活动真正开始后他就忘了，针对他的"投诉"也随之一波又一波地袭来，让我烦恼不已。如何让他真正意识到合作和规则的重要性,并真正地付诸行动呢?说教显然是行不通的,我需要一个契机,需要寻找适切的突破口……

快乐演绘本

我曾试图与飞飞的家长沟通,希望从家庭里寻找到转变飞飞的可能。负责接送的爷爷奶奶谈起飞飞总是摇头感叹:"我们根本管不住他,他爸妈工作比较忙,经常也不管……"

看来,飞飞的好动、霸道与缺乏来自长辈的有效管教和缺乏来自父母的有效陪伴有着莫大的关系。

于是,在与飞飞的父母多次沟通后,他们答应会更多地关爱、陪伴飞飞。在幼儿园开展的家园活动中飞飞的父母轮流请假参加,平时也注意通过各种形式、方法与孩子多分享交流,多找孩子的同伴玩。

每晚亲子共读时遇到好玩的情节,妈妈和飞飞也会声情并茂地用丰富的肢体语言和面部表情进行演绎。飞飞在妈妈的热情带动下更加热爱阅读,享受着阅读的乐趣。

亲子共读,陪伴成长

妈妈和飞飞一起读了绘本《丑小鸭》。《丑小鸭》讲的是关于一只鸭子的故事,刚开始大家都不喜欢丑小鸭,因为它太丑了,可是后来它帮助了很多人,它有着心灵美、乐于助人的美好品质,是我们的榜样,我们应该向它学习,帮助身边每一个需要帮助的小伙伴。妈妈还邀请飞飞来扮演绘本中的角色闪电,闪电是这个绘本剧中并不重要的角色,没想到孩子表演得很认真、很卖力,妈妈也鼓励飞飞用语言和身体动作表达他对绘本故事的理解,这种寓教于乐的方式让飞飞特别喜欢!

每一次飞飞表演,飞飞妈妈都会积极为他加油,飞飞也很喜欢绘本表演这种形式,哪怕是没有台词的一棵树,他也用心做出随风摇摆的样子,用想象力将故事演活。在飞飞妈妈看来,绘本表演能够让飞飞充分发挥想象力,飞飞通过参演变得更加自信、大胆了。

"老师,飞飞今天在小区里教邻居小朋友表演绘本故事呢,他指挥得有声有色的,大家都为他鼓掌。他在家还当我们的导演呢!我们今天晚上表演了一个多小时,他还意犹未尽!"突然,"导演""绘本表演"等词就像一点火星,一下子就点燃了我的灵感,我想这就是飞飞的关注点和兴趣所在,"绘本表演"也许就是转变飞飞的突破口。

一次活动中,恰逢飞飞和两个同伴的生日,我邀请他自主创设绘本《月亮,生日快乐》的表演情景。飞飞开心地约着要好的同伴们,主动选择绘本故事表演区——绘本小剧场,感受着朋友之间团结友爱的氛围。

在绘本表演时,飞飞真诚地说:"绘本表演让小朋友和我变得友好了,我有了许多好朋友。"

之后我又选择了绘本故事《快乐的森林舞会》。通过绘本故事，孩子们懂得了要与小伙伴分享、友好相处。

绘本阅读，学会分享

第二天，飞飞就带来了好多糖果，开心地对我说："老师，我要把糖果和小朋友分享。"接下来的几天，班中的一些孩子都陆续带自己喜欢的物品和伙伴分享。看着孩子们开心的样子，我也很开心绘本故事能够给予孩子道理启示。

尽管飞飞还会时不时地表现出霸道来，但是他找到了积极成长的钥匙。通过绘本故事表演，他学会了更好地与他人合作，学会了更自主地遵守规则。各种大大小小的活动，都记录了他在绘本表演中成长的足迹。

表演中成长

在全园义工故事大赛活动中,飞飞和妈妈亲子合作表演了绘本故事《有朋友真好》。活动开始之前,大演员和小演员正在紧锣密鼓地准备着:化靓妆、穿服装、备道具、记台词、调情绪……上台就要美美的!

亲子合作表演,大人与孩子共同成长

飞飞和妈妈惟妙惟肖的演绎让孩子们知道:因为有好朋友,你会很快乐,也能面对一切困难;因为有好朋友,你会很幸福,心里满溢着温暖!最终,飞飞和妈妈的表演获得了大家的好评。

迎新年联欢会那一天,虽然想表演的孩子很多,但飞飞还是排队静候表演机会,而且每表演完一轮,都会到队伍的最后重新排队。最后，他还主动和同班的孩子互相邀约着上台表演。小小的舞台给飞飞和同伴们提供了展示自己才华的平台，使大家感受到成长的幸福与快乐。

在绘本故事表演中，飞飞真的在慢慢成长……

点评：

绘本不仅可以读，还可以演。通过绘本故事的角色扮演，激发了孩子的参与热情，孩子可以切实地感受到绘本直抵人心的力量。孩子们在阅读中学会了反思，懂得了如何与朋友团结协作，如何自愿自主地遵守规则。

阅读小贴士

1. 原来阅读绘本也可以动起来，依照绘本中的情景表演出来，这就是一种动态的阅读。

2. 教师可以在晨间、餐后、午睡前、集体阅读等时间带领孩子们一起阅读绘本。

3. 陪伴孩子阅读时可以多和孩子看图，像玩捉迷藏一样地去寻找和内容相关的东西。

推荐书单

《有朋友真好》《快乐的森林舞会》《月亮，生日快乐》《丑小鸭》

书香浇灌的友情

邢台市信都区幼儿园　白立芬

竹竿舞《穿花衣》

"穿花衣穿花衣,大手伸出来,小手伸出来,大手小手一起来,来帮孔雀穿花衣。"随着绘本《穿花衣》的旋律,孩子们在舞台上跳起了竹竿舞。彤彤妈妈看着女儿的表演,激动地流下了眼泪,她说:"感谢幼儿园和老师,因为遇到你们,才开启了我和孩子美好的绘本之旅,正是在绘本的滋养下,我家的宝贝才这样自信、阳光、快乐!"

缘　起

这个小女孩就是我们班的彤彤，一年前刚转到我们班的时候，她总是喜欢一个人默默地坐在位置上。跟她说话经常只是点头摇头，在活动中她总是安静地听着，时不时会露出笑容，可当我看向她时，她就会立刻低头，小手紧张地交握在一起。每当我轻轻地问："彤彤，你来说说你的想法，好吗？"她就立刻紧绷着脸，紧张地抓着衣襟，用极轻的声音给出极短的回答，便匆匆坐下。

有一次在区域活动时，小朋友们在搭积木，我看见凯凯走到她旁边对她说："我们一起搭积木吧！"而彤彤却一把推开了凯凯。户外活动时，小朋友都兴高采烈地玩着"贴人"的游戏，只有彤彤在一旁看着。泽泽说："彤彤，你也来一起玩吧，这个游戏很好玩。"乐乐也说："彤彤，你以前是不是没玩过这个游戏？没关系，我们教你一起玩儿。"可彤彤依旧不理不睬，自己站在一边。

于是，我就和彤彤家长交流了孩子的情况。我说："彤彤平时不爱说话，总是在一旁看其他小朋友玩。"妈妈说："是不是孩子不知道怎么和其他小朋友交流？彤彤从小就是一个人玩儿，我和孩子爸爸都忙于工作，她从小由奶奶带大，老人平时也没注意这些。"我建议她："平时抽出时间多陪伴孩子，多与孩子交流，可以带孩子外出游玩，或者请小伙伴和彤彤一起玩，尽量创造机会让她和同伴交流。"妈妈说："好的，我也知道，可是每天下班回来都到晚上了，就顾不上了，想想挺对不住孩子的。"我说："其实现在家长都比较忙，不过没关系，可以利用睡觉前的时间好好陪伴孩子，陪伴没有规定时间长短，但是做到有效陪伴就好。"妈妈问："怎么算有效陪伴？""就是建议您在陪伴孩子的过程当中要全心全意地投入，不管是言谈举止还是行为动作，甚至全部注意力，都要尽量做到完全投入。可以投入地和孩子一起玩过家家，或者给孩子读一读故事书，可以和孩子一起笑到人仰马翻，也可以和孩子就一些问题分享经验、交流思想，带给孩子一些信任感和安全感。我发现彤彤每次听故事的时候就两眼放光，你可以给孩子讲一些故事，从亲子阅读开始，回去先尝试一下。"我还给彤彤妈妈推荐了几本绘本《猜猜我有多爱你》《永远永远爱你》《大卫，不可以》《我想和你交朋友》等。

"闻"书香

过了一段时间，彤彤妈妈找到我，她说："这些天一直坚持陪女儿读绘本，每次读书我都非常投入，我会用轻轻的声音给她讲，她的小眼睛目不转睛地看着画面，非常专注，每读一页她的眼珠子都像要掉到绘本里，有时还会发出同样的声音，做着同样的动作。"

彤彤妈妈接着说："可是昨晚讲故事时彤彤不喜欢听就往一边去了。"我说："你每次都是这样读故事吗？"妈妈说："是啊！""那你需要观察让孩子产生厌烦情绪的原因，你也可以换换形式进行阅读。首先在读的时候要有技巧，语速要慢，表情要丰富，同时也可以加上动作；另外在读的时候要关注孩子的兴趣点，可以和孩子一边阅读一边交流自己的感受，及时鼓励孩子，这样孩子的阅读兴趣和习惯在潜移默化中就会巩固下来。"彤彤妈妈听得很认真，而且还用小本子记录下来。我也给彤彤妈妈推荐了一些育儿方面的书籍，如《幸福的种子》《好妈妈总有好方法》《好习惯成就孩子的一生》等，她说："老师谢谢您，我回去研究研究。"

我在幼儿园也经常会给小朋友们读一些相关绘本，比如《友谊的小船》《永远的朋友》《你是我的好朋友》等，每当这个时候，我也会特别关注彤彤。有一次，大家在玩游戏《碰一碰》，"找一个朋友碰一碰，碰哪里？小手碰小手……"我发现乐乐去找彤彤做朋友时，她俩碰手掌、碰肩膀、碰膝盖，彤彤跟随着旋律和乐乐配合得非常默契，而且嘴角上扬，还露出两个小酒窝。

在活动中我会时不时地请彤彤来回答问题，从刚开始她只是看着我，到后来可以用几个字回答，现在都开始看着我抿着嘴笑了，我经常会和她击掌来鼓励和表扬她的进步。此外，我也经常安排她为小朋友做力所能及的事，比如发餐具或者发点心等，尽量创造机会让她与同伴交流。

过了一段时间，我发现彤彤和几个小伙伴在"小舞台"上进行游戏，只见她拿起铃鼓敲着节奏，脸上洋溢着笑容。看到这般情景，我忍不住对彤彤说："你真棒！"没想到彤彤立刻露出一副难为情的样子，停止了敲奏。意识到是自己打扰了她，于是我装作若无其事悄悄走开了。刚转身，就听见身后的敲奏声又响了起来，我这才放下心来。慢慢地，在小伙伴的陪伴下彤彤变得勇敢主动了，她和同伴有说有笑，而且在和同伴合作进行表演的时候，能大方地站在舞台前面说："我为大家唱一首《小蜜蜂》。"我在一旁为她鼓掌加油，她也不再羞涩地低头，整个人开朗了许多。小小的绘本就这样打开了彤彤对世界的探索。

我把彤彤的表现和她妈妈做了交流："彤彤现在开朗了，能够和小伙伴一起做游戏，能够主动在小舞台唱歌，看来亲子陪伴阅读挺有效。建议你可以将读和玩相结合进行游戏互动，可以结合故事和孩子一起进行角色扮演和情景模拟，孩子参与其中会有不同的阅读体验，这样孩子慢慢会变得自信，也就敢于表现自己了。"妈妈说："好的，我也感觉她比以前好多了，这段时间我一直坚持用你说的方法，多种形式地和孩子一起阅读，在陪女儿阅读的过程中，我也在不断地阅读，学习怎样循循善诱打开孩子的心。彤彤现在开朗多了，时不时还会说出好多词，我把这些都记录下来了，我想这都与绘本阅读有很大的关系吧！现在彤彤也喜欢上了绘本，周末的时候带她去图书馆，让她感受那个阅读氛围。我还给她买了许多绘本，给她在家布置了一个温馨的小图书角，彤彤现在会自己主动去她的小天地里翻看。真的，绘本的确让女儿有了很大的进步，现在我们家的绘本已经有400多本，女儿全部都读过了。"我看到彤彤妈妈脸上洋溢的笑容，感到很欣慰。

现在的孩子大多是独生子女，缺少去结识新朋友的主动性和与他人相处的经验，而且现在很多家庭都住楼房，更大大降低了孩子们结交朋友的机会。再加上大多父母忙于工作，容易忽略孩子的情感需求，因此很多孩子渴望友谊，渴望爱，却不知道怎样结识新朋友、怎样和朋友和睦相处，而带孩子进行绘本阅读以及围绕绘本开发互动游戏等，就是值得尝试的最好的方式了。

"慧"阅读

现在的彤彤，每天能够开心地与同伴玩耍，她的变化极大地鼓舞了我，让我更加相信坚持阅读定会有收获。但之后发生的一件突发事件，却让我感到十分意外。

一次区域活动时，忽然听到乐乐哇哇大哭起来，我连忙跑过去了解状况，只见他边哭边指着自己的手说："彤彤抓我。"我顺着他的手看去，果然看见他的手上有一条抓痕，我立刻先给乐乐进行手部消毒，然后把彤彤带到一旁了解情况，原来是彤彤想和乐乐一起玩玩具，去抢夺乐乐的玩具时乐乐躲着不让，不小心弄伤了乐乐的手。

针对这种状况，放学时我与彤彤妈妈沟通，并给了彤彤妈妈一本绘本《小一步，对不起！》，彤彤妈妈说："老师我明白了，我知道怎样做了。"其实幼儿在交往中发生冲突很正常，比如可能为争抢一件玩具而吵闹，并因此出现一些攻击性行为，只要及时引导改正就可以了。

彤彤妈妈回家后拿起绘本《小一步，对不起！》给女儿讲："草地上，两只小猫咪高兴地打着滚儿，大树下，小一步和小莱欧开心地玩着沙子。突然，为了一只黄色的小水桶，两个孩子发生了争执。"妈妈的语速变慢了，彤彤沉默了。"哎哟，抢起来了！不好，打起来了！更糟糕了，哇哇大哭起来了！"这时妈妈停顿了一下，看了看彤彤说："这可怎么办呀？有什么办法可以让他们和好呢？"这个问题好像一下子唤醒了彤彤，让她意识到了自己的错误行为。彤彤说："我今天抓了乐乐的手，我要向乐乐说对不起，我以后会和好朋友手牵手，再也不抓别人手了。"彤彤妈妈笑着说："好宝贝！"并将彤彤抱在了怀里。后来彤彤妈妈还给女儿读了绘本《承认错误，不说谎》《大声说出来》。她说，我们要帮助孩子好好迈出这小小的"一步"又"一步"，未来世界的精彩就会在孩子的面前一点点展开。

对于孩子来说，你想让他懂得的那些道理，最好通过孩子能接受的方式，比如讲故事或者在游戏中潜移默化地让孩子知道，千万不要只是拿道理进行说教，因为孩子可能听不懂你说的是什么意思，而且可能也达不到你想要的效果。

"悦" 成 长

在班级开展"故事大王"活动中，彤彤不仅积极参与，还"大放异彩"。这一天,只见彤彤拿着话筒走到舞台中间,先向大家鞠躬问好,然后开始大方地讲述:"今天我给大家讲的故事是《猜猜我有多爱你》,希望大家能够喜欢。"只见她一会儿张开双臂,一会儿把手举高,然后又跳起来……她真的把自己当成了小栗色兔子。她一边讲故事一边还配上动作,可爱极了。尤其最后那一句:"我爱你一直到月亮那里,再从月亮上回到这里来。"这语气温柔得简直要把人融化了,她塑造的角色和形象,迎来了小观众和评委的阵阵掌声,被评为"最佳表现奖"。

在表演绘本剧《鳄鱼怕怕 牙医怕怕》和竹竿舞《穿花衣》时,彤彤和妈妈一起准备道具、服装、背景,和老师、同伴一起辛苦排练,从来没有说过累。在舞台上面带微笑,将剧本中的角色表现得惟妙惟肖,我从内心为她感到高兴,她妈妈更是激动得流下了眼泪。

彤彤变得自信阳光,她的妈妈也跟着"火"了。其他家长遇到一些问题都开始来找彤彤妈妈交流请教。于是我邀请她进班里和其他家长进行交流,她热情地把自己的经验分享给其他家长,并在亲子阅读方面与大家交流做法和收获。其他家长说这亲子陪伴阅读学问这么大呢!我说:"彤彤妈妈的这些教育智慧和教育方法值得我们借鉴,希望大家在学习借鉴的基础上,摸索出适

彤彤家被评为"最美书香家庭"

合自己的方法，只要大家能够坚持，就一定会有收获。"家长们纷纷表示得给自己和孩子制订个阅读计划了。彤彤妈妈被推选为我们班的家委会成员，同时她的家庭也被评为"最美书香家庭"。

绘本阅读带给孩子快乐的同时，也把不可估量的精神财富带给了他们。让书的馨香悄悄传遍每一个家庭，让书的魅力悠悠绽放在每一个孩子的心头，让浓浓的书香吹响共同成长的快乐集结号吧！

点评：

孩子在建立安全感和依恋关系的关键时期，特别需要父母的高质量陪伴。而亲子共读就是一个非常有效的抓手。通过每天十几分钟的亲子阅读，可以有效改善亲子关系，这样的家庭环境才更加有利于孩子的健康成长。

阅读小贴士

1. 你和孩子一个月去几次图书馆？
2. 把图书作为礼物，让孩子拥有借书证。
3. 你和孩子的阅读计划是什么？

推荐书单

《我的兔子朋友》《威利和朋友》《找到一个好朋友》《同桌的阿达》《和我一起玩》《阿迪和朱莉》

"彩虹花"成就的缘分

邢台市信都区幼儿园　胡星

我是一名农村幼儿园的教师,这里的孩子们更加活泼好动,不受拘束。每天下班总能在大街上看到风风火火的孩子们,他们自由自在、无忧无虑,没有大人步步紧跟的呵护与叮咛,天不黑绝不回家,在羡慕他们自由烂漫的同时,也想让他们的童年再多一些色彩。

一起读绘本

"我们家这俩小子一天天的太能闹腾了,稍不注意就能把家拆了,辰辰、启启……唉!又打起来了,真是的!"辰辰和启启的妈妈无助地看看我,连忙跑去拉开这对双胞胎兄弟回家了。"唉,你俩就不能消停会儿!""是辰辰先打我的。""启启骂我。"……这兄弟俩胆子大,在班里也总是带头捣乱,望着兄弟俩一路打打闹闹的背影,我特别理解这位妈妈的这份无奈。

在《朗读手册》《绘本之力》《绘本有什么了不起》《图画书阅读与经典》等书籍的共读过程中,在不断的学习与交流活动中,我越发感受到了绘本对孩子的吸引力与影响力。于是,我把儿子的睡前故事统统换成了绘本。起初,儿子还会找以前的小故事书,一段时间后他自己就把小故事书推到了一边。每天我下班一进门,儿子就拿起他早早选好的绘本拉我进屋讲故事。"唉,孩子每天拿着这些书让我讲,我又不认识字,不给他讲,自己就在那儿看,有时嘴里还嘟嘟囔囔,他能看懂?不过倒是老实了,有安静的时候了。"听着婆婆的话,我很是欣慰,从心底也更加认可绘本了。

于是,我把给儿子读过的绘本陆陆续续借给了辰辰、启启的妈妈,让她在睡前给兄弟俩讲故事,三天一本。平时在园里我也常引导他俩复述或是表演故事,渐渐地两人被告状的次数越来越少,在班里也越来越受欢迎。

"你们晚上听什么故事啦?"

"故事里有什么?"

"妈妈是怎么给你讲故事的?"

……

早晨孩子们在幼儿园门口一见面就簇拥着他俩一起走,再也看不到他们一下车子就追打着跑向教室的画面,再也不是大门口的妈妈大喊"慢点",教室门口的我揪心地向前迎着的状态了。如今,看到边走边说笑的他们,我真的有种如释重负的感觉。而阅读带给他们的满满的成就感,也大大激发了他们的阅读兴趣。

"老师,这兄弟俩现在打架少多了,尤其是睡觉时,没那么费劲了,有时两人还讨论一会儿故事和画面,开始还争吵,现在能听进去对方说话了。我也想给他们买几本绘本,可一看价格,书有点贵啊!这买一本没啥,多了就有点承受不了啊!"

这的确是个问题。

家长动员会

我想我的"孩子们"都应该有绘本为伴,感受绘本的魅力。于是,我和辰辰、启启的妈妈商议大家一起来。大家都是住在一个村里,彼此也都了解,对辰辰、启启这对双胞胎的成长变化也深有感触。我怀着满腔热情与对未来的憧憬召开了家长会。家长会上我首先让辰辰、启启妈妈分享了这三个月来陪孩子读书的收获和感悟,然后与家长分享了绘本故事《爱心树》,想让家长们见识到绘本的美与听故事的乐趣。大家对辰辰、启启的故事频频点头,但在号召大家带孩子共读绘本的时候,我看到的却是家长们眼中的不耐烦,甚至有家长发牢骚:"老师,能不能不给找这么多事啊,我们花钱把孩子送学校是让老师教的,读这书那书的,还什么绘本那么贵,他爸爸妈妈不在家,我和他奶奶不认字,读不了。""再说了,读了就一定能改变孩子吗?"家长们随声附和,使我感到有些挫败,辰辰、启启妈妈也低头不再言语了。

"家庭教育同样重要,尤其孩子的阅读习惯更是要从小培养,孩子还小,如果只依靠学校很难让孩子真正养成阅读的好习惯。"

"老师,道理我们也知道,但每天干活那么累,真没精力,也不懂。"

"对啊,每天回来都很晚,有时候孩子都睡了。"

"我们也不像你们老师,周末不上班。我们还得种地。"

"老师,我们就指望学校呢!让孩子在幼儿园好好读书、写字就行。"

"老师,没事了吧?"

这个时候,我觉得说什么都是无力的,第一次家长动员会,就这样不欢而散。

会后，我不断反思整个过程，反思自己的决策是否操之过急了。经过一段时间的思量与沉淀，与园长沟通后，我决定把学期末面向家长的学习成果展示活动改为阅读活动的展示。

我精心挑选了《点点点》《从头动到脚》《可爱动物操》三本绘本作为展示内容。整场活动，孩子们都很兴奋，整个过程配合得也很到位，甚至到最后孩子们还一直喊着："老师，再讲一遍《点点点》吧，太好玩了！"

接下来，我又请辰辰、启启妈妈读旁白，兄弟俩为大家表演故事《鳄鱼怕怕　牙医怕怕》，让大家目睹一个坚持亲子阅读的家庭，孩子们的精彩表现，这次终于看到了家长们的笑容。

活动最后，展示的是孩子们的绘画和手工作品。

"孩子们的作品都是我们读过绘本之后带孩子们绘画和制作的，绘本可读可玩，还能提高孩子的美感，同时绘本中也隐含着很多知识，比如刚才的《点点点》，不仅孩子们玩得很高兴，还能让他们发现排序的问题，孩子带着这种惊喜的发现再来学习的时候，就会产生事半功倍的效果。其实，绘本里藏着很多可供挖掘学习的点。"

"是挺好，就是太贵了啊！"

"是不便宜，但我们也要努力让孩子接触到好的、适合孩子的书籍呀！我们一人给孩子买一本带过来，这样花一本书的钱，我们的孩子就可以读到三四十本好书，这样想就不贵了啊。"

活动结束后，只有个别家长有意愿购买绘本。

邂逅"彩虹花"

"广东那边有一个担当者行动的公益机构,是帮助老师开展教育活动的,你联系下试试。"园长的话再次点燃了我的希望。

担当者行动与正荣基金会共同策划和发起了"彩虹花"项目,为有意愿进行儿童教育创新的教师设立一个专项基金,提供800元以内的小额资金支持,鼓励教师们把改善教育的想法变为行动,开展教育探索和教学创新。我兴奋地向担当者行动组提交了申请,这一个星期的审核期,我心里仿佛住了只小兔子,总是七上八下的,一来信息就迫不及待地查看,等待的时间总是漫长又煎熬的。可是,煎熬过后并没有收到期许已久的好消息。

怎么办?放弃吗?不,一定要让我的孩子们加入绘本阅读的大军,这个坚定的信念一直鼓舞着我。几番思量之后,我鼓起勇气打通了担当者行动负责人的电话。

"我申请的项目没有通过吗?"

"是的,绘本阅读我们一直做的是小学的,没有针对过幼儿园,幼儿园的孩子太小了。"

"我们的孩子虽然小,但绘本对他们一样具有吸引力。比如,绘本《点点点》,小班的孩子也能看懂还能跟着一起互动,在玩的过程中还能带孩子们认识颜色、学习排序;绘本《大卫,不可以》中的场景,对于农村的孩子,仿佛就是他们生活场景的再现,孩子们虽然不识字,但只看图画就能讲出精彩的故事;模仿是孩子的天性,绘本《可爱动物操》让孩子们在快乐的模仿游戏中既能学习儿歌,还能激发他们了解动物生活习性的学习愿望……"

"400元、600元和800元的活动基金,你打算申请多少?"

"我申请600元。"（内心忐忑，怕申请多了不予通过，选了折中的活动基金）

"活动时间为一学期，学期末要把详细的经费明细、活动过程提交给项目组。"

我通过了！这一刻仿佛一只小麻雀飞进了我的心窝，走哪我都哼着歌，恨不得把我的喜悦分享给每一个人。

第二天看到卡上的活动基金，我的脑海中闪现着孩子们那一张张纯真的小脸，有挑食的、有调皮捣蛋的、有任性爱发脾气的，还有那一张张小花脸……想着孩子们的种种，我开始上网搜索资料查阅适合他们的绘本。

绘本来了

这天，早饭过后组织孩子们坐好，我神秘地从角落里拉出一个纸箱。

"今天，老师给你们带来了神秘的礼物，猜猜是什么？"

"好吃的？"

"好玩的？"

"箱子挺重的。"大胆的浩浩跑到前面晃了晃箱子。

"我能推动它。"又有几个活跃的身影上来推了推箱子。

"老师，里面是什么啊？"孩子们一个个瞪大了眼睛，探着身子向前张望着。

"它们一页一页的，可以翻动……"

"我知道了，是老师给我们买的绘本。"我的话还没有说完，机灵的悠悠就喊了出来。

孩子们轰的一下就围了上来:"我看看!""我也要看!""老师,快打开吧!"

我拿出裁纸刀,孩子们目不转睛地盯着箱子,"你别动,让老师慢点""老师,你轻点""老师,别把书弄坏了"……箱子打开的那一刻,孩子们边鼓掌边跳跃:"哇,绘本绘本,真的是绘本!"

"老师,我们快把绘本放到书架上吧!"

绘本被一本一本从箱子里拿出来,孩子们小心翼翼地接着,此时此刻,教室里一下子安静了下来,只有嘶嘶嘶拆书外塑料薄膜的声音。

20本绘本整整齐齐地摆放在书架上,孩子们静静地望着,谁也没有向前,生怕一不小心损坏了它们。

我们开始读书啦

想起孩子们吃饭时的挑挑拣拣,尤其是遇到西红柿,一个小小的皮都不落地挑出来,还有家长们对孩子挑食的那份无奈,我选择了绘本《我绝对绝对不吃番茄》开启了我们的阅读之路。

"罗拉的哥哥真好。"

"我和罗拉一样也不喜欢吃胡萝卜。"

"我不喜欢吃豆子。"

"老师,我知道番茄就是西红柿。"

"我也不喜欢吃西红柿。"

"西红柿太酸了,我也不喜欢吃。"

"我也不喜欢吃。"

"把西红柿做成什么我也不喜欢。"

"罗拉太好骗了。"

一个故事听完反倒是激起了孩子们对西红柿的同仇敌忾。听完故事，我们来做些什么呢？农村幼儿园虽然资源有限，但也有我们的优势，我们院子大，有地。于是，我向园长申请了一块地，买了一些小西红柿的秧苗。

"看，老师给你们带来了罗拉的喷水月光秧苗。"

"哈哈哈，喷水月光。"孩子们笑声一片。

"我要种喷水月光。"

"我也要种。"

"我也要……"

孩子们挖坑埋苗、浇水，格外认真。看着一地绿油油的小苗苗，我们都有着满满的成就感。

"老师，我们去给喷水月光浇水吧。"

"那棵是我种的。"

"那边那棵是我种的。"

"这棵是我种的。"

……

孩子们用自己的小杯子细心地浇灌着他们的小秧苗。

"老师,它们什么时候长大啊?"

"什么时候能结出果实啊?"

"老师,我们来给喷水月光讲故事吧!"

"嗯,这个主意好。"我摸了摸爱听故事的月月,"好,那我们去选故事,来和我们的喷水月光一起听吧!"

自此我常常带着绘本,围坐在我们的西红柿地旁给孩子们讲故事,守护着我们的小苗。

《爱挑食的小狐狸》《汉堡男孩》《大卫,不可以》《大卫惹麻烦》《菲菲生气了》《生气汤》《好脏好脏的哈利》《根本就不脏嘛》《如果不洗手》《超级细菌王国》……

有了故事的陪伴,等待的时间似乎也有了享受的味道。转眼间到了收获季,看着丰硕的果实,孩子们的眼睛格外亮。

"我们的喷水月光一定很甜。"

"哇,你看这个,真红。"

"这个是我种的,你去那边摘你的。"

"老师,你看启启——"随着浩浩的手指我看到了咧着嘴一脸痛苦的启启,手里还拿着半个有些青涩的小西红柿,"启启,你的喷水月光甜吗?"随着我的问话,孩子们都期待地看着启启。"甜。"启启不好意思地挠挠脑袋,随即露出了甜甜的笑容,这下孩子们采摘得更起劲了。

"孩子们，红色果子才是成熟的，我们摘红色的果实哦！"一会儿工夫孩子们就摘了满满一大筐，一趟趟地跑水管清洗果实，脸上始终洋溢着快乐的笑容。

"我们的喷水月光。"

"真甜！"

"我种的喷水月光就是甜！"

哈哈哈……教室里一片欢声笑语。连平时看到西红柿就跑的辰辰都吃了一个又一个。

绘本进我家

新的学期，我大着胆子向"彩虹花"项目组申请了800元的教育基金，这次是线上申请，很快就通过了审核并收到了活动基金。我按照提前拟定好的书单购买了30本绘本，想在新学期里给孩子们一个惊喜。

"孩子们看。"我揭开书架上的红布,孩子们惊喜地睁大了双眼,嘴巴张成了O形,随后开始欢快地鼓掌。

"哇,这么多书!"

"这些我都没有看过。"

"太好了!"

"老师,我爱你!"

孩子们一个个冲上来抱住了我。

在孩子们的惊喜中,我们开启了新一轮的阅读活动。

有一天在区域活动时间,不善言语的洋洋在书架前闷闷不乐地发呆。

"怎么啦洋洋,你想要看哪本书,需要老师给你读吗?"洋洋看了看我,默不作声地低下了头。

"怎么啦洋洋,有什么事吗?老师能帮你吗?"

"老师,我想带绘本回家,让妈妈也给我讲故事。"洋洋抠着衣角弱弱地说道。

这弱弱的声音也引来了志同道合的小伙伴。

"我也想带一本回家。"

"我家都没有,我也想让妈妈读给我听。"

"我想带回家和妹妹一起看。"

……

这下,孩子们全都过来了:"老师,让我们带回家吧!"我心中灵光一闪,想到这或许是个好方法,这样家长们不就能与绘本亲密接触了吗?让孩子们来带动家长会比我这个"外人"要有用得多吧!

"好，不过我们要怎样才能把绘本带回家呢？总不能都带吧？"我假装为难地说道。

"谁表现好谁就能带回家。"孩子们异口同声地说道。

我们就这样愉快地决定了。每天我都会在班级群里发布表扬名单与理由，比如上课认真听讲、吃饭不挑食、上课说闲话少了……每天都会为孩子们量身定制优点，并以奖励为由，每天允许5名幼儿带一本绘本回家，让爸爸妈妈讲给自己听。因为是奖励，自然孩子高兴，家长也愿意读。时间一长，孩子们的表现越来越优秀，老师带班也越来越轻松了。

家长进课堂

在所有孩子都带过绘本回家后，我改变了活动方式。我鼓励孩子们邀请自己的爸爸妈妈进班给小朋友们分享故事，参加一次就可以借阅两本绘本回家看。孩子的力量超乎想象，陆续有妈妈来班里给小朋友们讲故事了。看着开开心心抱书回家的小伙伴，孩子们别提多羡慕了，一个个更卖力地邀请自己的爸爸妈妈。有一次，泽泽的爸爸来了，能看出他很紧张，一本绘本分享下来，全程没敢看孩子，还出了满头汗，满脸通红，孩子们却听得很开心，一直喊着"再讲一个，再讲一个"。看着热情的孩子们，在我的鼓励下，泽泽爸爸红着脸又给孩子们讲了一个故事。

"泽泽，你爸爸讲得真好，我爸爸都不给我讲故事。"

"我爸爸也不给我讲。"

"我也想听我爸爸讲故事。"

泽泽爸爸不好意思地笑了，再看泽泽，那一脸骄傲、自豪。家长和孩子才是我们阅读路上最有力的推动者。

班级读书会

"彩虹花"项目带我们走上了阅读之路,我们的孩子也应该有更多的书读。

这次,新学期的家长会上看到的都是爸爸妈妈的身影。播放着PPT,我细数着孩子们阅读以来的种种小变化,家长们时不时地点头微笑,仿佛在说:是的,我家孩子确实变了。

"我家孩子整个假期都在问什么时候开学,说家里的故事不好听,他要看绘本。"

"我家孩子每天早早就起来了,说来早了可以听老师讲绘本故事。"

"是是是,我们家孩子现在起床都不用催了,一起来就主动要来幼儿园,跟以前真是大不一样。"

"是的,早饭前的晨读时间我都会给孩子们分享绘本故事。"我及时补充道。

"老师,怎么买啊?孩子在家一直要,我也给他买几本。"

"老师,孩子大班了,我想给他报个班,您给推荐推荐呗!"

"老师,我也想给孩子买绘本。"

"老师,我也想给孩子报个班,不知道报什么。"

我暗自开心,这些问题真是问到了我的心坎里。

"我是学美术的,我打算成立一个读书会,带孩子们读书、画画、做手工,不收取任何费用,唯一的要求就是需要为孩子们购买绘本,有时间的话和孩子们一起参加。"

就这样我成立了班级读书会——"阅想乐（yuè）美"，寓意让孩子在快乐的阅读中有所思、有所获。初期有十位家长加入了我们的班级读书会，每家购买了三本绘本，开始轮换阅读。

读书会活动

共读了绘本《美丽星期五》之后，我们的班级读书会也有了个"美丽星期五"——每个星期五放学后就是我们读书会的活动时间，我会组织读书会的家长和孩子们一起聊书、画画、做手工；有时也会让大家选一篇自己喜欢的诗歌、短文，孩子选儿歌或古诗，我们围坐在一起开一场朗诵会。

我们读书会还约定，在家里也要开展阅读活动。每周固定时间跟孩子一起朗读（家长读自己喜欢的文字，孩子读童谣、儿歌）；每周录一次故事，录好后发到班级群里与大家分享。久而久之，孩子养成的不仅仅是阅读的习惯，更培养了坚持的品质。

读书会的活动，我每一期都会做出海报在班级群里分享，丰富多彩的活动也成功吸引了更多的孩子和家长。

陪伴孩子阅读以来,爸爸妈妈的审美能力明显提高了,不仅要求绘本的质量,还对阅读环境也越来越重视;不仅常带孩子去图书馆,让孩子感受阅读的氛围,还在家中为孩子们布置了专属阅读区,每个家庭书架上的藏书也越来越多了。

点评:

让父母看到阅读带给孩子的变化,并因此让阅读从班级延伸至家庭,抓住了阅读最好的助力者——父母,带着孩子们一起从阅读到悦读,让我们仿佛看到了孩子在看到绘本,看到"喷水月光"时,眼睛里闪闪发光的东西。

阅读小贴士

1. 你有一起读书的小伙伴吗?可以和小伙伴成立一个自己的读书会哦!

2. 你一周带孩子去几次图书馆呢?你家藏书有多少?有孩子的专属阅读角吗?

3. 你和孩子在阅读中有什么有趣的故事呢?记录下来这些专属于你们的故事。

推荐书单

《从头动到脚》《跟屁虫》《胡萝卜种子》《我绝对绝对不吃番茄》《点点点》《汉堡男孩》

书香打开的童心

邢台市信都区幼儿园　张炜

"老师，您还忙吗？我想跟您咨询件事。"这天下午，孩子们都被接走后，皓皓妈妈又返回幼儿园找到我。

"接连好几天了，每晚睡觉前，我都拿着绘本想跟孩子一起讲故事，可我讲我的，他在一旁边玩玩具边听。有时候讲过的故事还要求反复讲，让他自己看就不乐意了，这该怎么办呢？"

听着皓皓妈妈的诉求，我脑海中浮现出这个慢热型男孩儿今天在幼儿园的一些画面。

今天来园较早的萱萱从书架上拿了一本绘本《小美的花》递到我手里，用甜甜的声音说："老师，今天讲这个故事吧"，我刚翻开书，一旁的皓皓很快把手里的《肚子里有个火车站》压到了我的书上，"老师讲这个，我想听这个。"萱萱噘着嘴有点不高兴地说："明明是我先给老师的，应该先讲我的。"皓皓着急地看看萱萱，看看我，不知所措。我把两个小家伙一起搂入怀中，微笑着说："这两个故事都不错，不过确实是萱萱先说的，我们先讲萱萱的，再讲皓皓的，好吗？"他俩互相看了看对方，点了点头。当我一边讲一边用眼神去跟他们交流时，发现皓皓听得很认真，时而看我，时而看书，围过来听的孩子也越来越多。

下午区域活动，皓皓进入阅读区，他在书架前徘徊了好久，最后选了一本今早讲的《肚子里有个火车站》坐了下来，他的小手随意翻看了两下，就把书卷啊卷，卷成了一个"望远镜"，他手握"望远镜"，俏皮地看看这个看看那个，结果惹得大家哄堂大笑。以前听得津津有味的故事，现在却不愿意自己看，问题和皓皓妈妈说的一样。

有效共读

第二天的集体活动。

"以前都是老师给大家讲故事，今天我们小朋友一起来讲故事好吗？"听我说完，孩子们先是用吃惊的眼神看着我，紧接着嬉笑声越来越大："啊？一起讲？"

"对，今天我带来的绘本是《雪人》，我们先来看画面上有什么。"

"老师，我会讲！"爱表现的雯雯眉飞色舞地说，"小男孩在睡觉，然后，然后……"

"然后他看到外面下雪了。"表达能力强的家瑞迫不及待地补充道。就这样，孩子们的小眼睛认真地观察着画面，都开始纷纷表达自己的想法，一个有趣的故事开始了。

皓皓也被这积极和谐的氛围所感染，眼睛专注地看着画面，跃跃欲试。我邀请皓皓继续讲，他激动地说："雪人变成爸爸了，穿着爸爸的衣服，戴着爸爸的帽子和眼镜。"

看着他讲故事的样子，我由衷地感到高兴。此时的他已经完全被丰富的画面所吸引，在图画里尽情地编织属于自己的故事。

下午，我利用接孩子的时间，跟皓皓妈妈沟通了孩子今天的表现，皓皓妈妈很高兴，若有所悟地说："哦，原来共读并不是家长跟孩子拿着书一味地讲啊！"

"对，我们要引导孩子去看、去想、去说，去寻找书中藏着的有趣的细节，或作者留给我们的一些小惊喜，慢慢地，孩子会逐渐习惯自己去书中发现多彩的世界。"

周末，我在班里及时组织了一场家长会，跟家长分享了绘本《蚂蚁和西瓜》。

当我问道："你们知道蚂蚁搬完这些西瓜用了多长时间吗？"大家都瞪大了眼睛去画面里找，当我把那个有钟表的画面展示在大家面前时，多数家长都恍然大悟。

慧慧妈妈不好意思地笑着说："我还以为只要读给她听就行了呢。"

"其实我们共读也是讲究技巧的，比如要注意语速。一句和一句，一页和一页之间要停顿，留给孩子一个感受、体会、共情、想象的时间，所以语速一定不能快。有时候甚至可以故意留一段时间的空白，让孩子的情感流淌起来。比如在我们跟孩子分享的《小美的花》中，小美对大象说的这句话：这是我为妈妈采的，不过……读完这句后，要做一定时间的停留，让孩子思考一下，最后一朵花，小美会不会把它送给大象？让孩子自己猜想。另外大家也可以模仿故事里角色的声音和夸张的动作来吸引孩子，讲到精彩处稍微停下，留给孩子自己去书中找答案。慢慢地，孩子会形成自主阅读的好习惯。"

"这个方法不错。"

"我们今晚就试试……"离我较近的几名家长开始交流起来，纷纷表示要跟老师配合。

分享阅读

这天的晨间谈话，我跟孩子们约定好，把跟爸爸妈妈共读中最感兴趣的画面或某个问题记录下来，可以请大人帮忙，第二天带到幼儿园跟大家分享，孩子们愉快地答应了。第二天，"分享好故事"活动开始了，我用鼓励的眼神看着皓皓："皓皓，昨天你跟妈妈读的哪个故事，里面有没有你喜欢的画面，或者你有什么问题，来跟大家说说吧？"皓皓慢慢地走上前，还有点不好意思地小声说："妈妈给我讲的是《牙齿大街的新鲜事》，我们不好好刷牙的话，哈克和迪克就会住进我们的嘴巴里。"

虽然皓皓的声音有点小，但我还是让所有的孩子给他竖起了大拇指，谁知皓皓刚停下，有共鸣的孩子便迫不及待地你一句我一句地聊了起来，一个孩子说："这个故事我也看过，老师，我有颗牙就坏了，里面也是这样的吗？""我每天都刷牙！""我们要少吃零食！"……大家交流得越来越热闹，就像一群挚友在聊天，慢慢地，我发现孩子们的表达越来越清楚，也越来越完整。

周五晚上，皓皓妈妈给我打来电话："张老师，给您说个好消息，现在晚上讲故事时皓皓的小眼睛能认真地看着画面，问这问那，说明天要讲给小朋友听呢，还说想让我参加咱们的'亲子故事分享'活动。"

"好啊，欢迎。"

"可以跟孩子一起讲吗？"

"当然啦。"

"讲什么都可以吗？"

"可以征求孩子的意见，去书店选一本他喜欢的绘本来讲。当然孩子小，还没有很好的辨别能力，我们家长可以多引导，带孩子去正规的绘本馆选择正版绘本，选择少字多图、适合现阶段孩子的生理和心理需要、对孩子能起到一个积极的引导作用的绘本，也可以参考一些优秀大师的作品，例如安东尼·布朗、李欧·李奥尼、艾瑞克·卡尔等。"

"行，我知道了老师。"

周二家长进课堂的时间到了，孩子们期盼地等待着，当皓皓在班级里看到自己的妈妈时，别提多高兴了。他跟妈妈紧紧站在一起，妈妈朝皓皓点点头，皓皓用响亮的声音说："今天我跟妈妈给大家带来一个好玩的故事，叫《环游世界做苹果派》。"

"先看看封面有什么？"

孩子们把小手举得老高："有个小女孩、有降落伞。"

"小女孩手里拿的什么？"皓皓妈妈继续追问。"有包、大勺子，还有木棍……"孩子们积极地回应着。

"这个木棍是擀面杖，包饺子时擀皮用的，小朋友猜猜她要去干什么呢？"

皓皓妈妈话音刚落，萱萱脱口而出"包饺子""包饺子！"几个孩子觉得好玩也重复道。"小朋友认真听，一会儿你们就知道了。"皓皓妈妈故意设置悬念，把孩子们的好奇心和注意力都吸引了过来。

皓皓妈妈的讲述饱含感情，语言抑扬顿挫，有时还会有一些好玩的表情和夸张的动作，皓皓也积极配合着读一些较简单的句子。

当讲到做苹果派的画面时，从磨面粉、捣肉桂粉到挤牛奶等，皓皓看着画面加上了自创的动作，孩子们觉得好玩，也自觉跟着做起来，整个活动氛围越来越好。故事讲完后，皓皓妈妈还带孩子们一起做起了手工苹果派，大家开心极了，临走时，几个活跃的孩子有点舍不得地问："阿姨，您明天还来吗？"

"阿姨有时间还会来，你们也可以邀请你们的爸爸妈妈来哦。"

"我要跟我爸爸一起讲，我爸爸讲故事可好听了……"

我欣慰地鼓励皓皓妈妈："其实，亲子分享故事，成长的不仅是孩子，也是我们自己。"

"谢谢老师，感谢您的帮助，我都没想到现在我能这么放得开，感觉跟孩子一起讲真的挺好玩！"

皓皓妈妈临走时把这本书留了下来。第二天，我发现皓皓拿起那本书，其他孩子都围过去讨论起来。当我把活动中皓皓母子共读的图片和抓拍的孩子们围在一起共读的图片发到群里后，进班讲故事的家长越来越多了。

我在班级群里给大家分享了如何选书，并根据目前班级部分幼儿存在的问题，指导准备进班讲故事的爱心家长选择合适的有教育寓意的绘本，让孩子在一个个有魔力的故事中"润物细无声"地接受并改变。一个又一个故事代替了枯燥的说教，孩子自然而然地从心底里接受,也避免了亲子矛盾。比如,雯雯跟妈妈分享的《菲菲生气了》,让孩子知道生气是一种正常的情绪表达,遇到不愉快的事情能尝试自我调节;阳阳跟妈妈分享的《小老虎的花衣服》,让孩子学会助人与感恩;等等。孩子们特别期盼的这种分享阅读的方式,为自主阅读注入了新鲜的血液,让家长和孩子一起快乐地沐浴在书香里,激发起孩子无限的阅读欲望,他们会经常让爸爸妈妈从图书馆里借这些书进行再次阅读。

阅读的小火苗一旦点燃,就会在我们的生命中散发出无限光芒。

"六一"儿童节,幼儿园组织绘本剧表演,第一个报名参加的就是我们班的皓皓妈妈,皓皓的爸爸妈妈和孩子精心准备了绘本故事表演《你看起来好像很好吃》。他们和孩子非常认真地把书上的文字和图片看了一遍又一遍,火红的太阳炙烤着大地,却丝毫不影响高温下排练的他们,语调、感情甚至每一个动作练了一遍又一遍,皓皓演小甲龙,他央求妈妈特意从绘本馆借阅了关于小甲龙的书,认真地看,了解模仿小甲龙,动作稚嫩可爱。正式表演时,皓皓自信地走上台,完全融入剧情,大声说着台词,加上他反复练习的动作,赢得了大家的阵阵掌声。他们通过这种独特的分享阅读方式,让更多家庭现场感受到阅读的美好,感受在阅读中亲子间的精神成长。

区域活动开始了,当我走进教室把目光投向阅读区,欣喜地看到皓皓和同伴坐在一起,边看绘本边说着他们对故事的想法。

阅读的浸润让孩子们在各方面都有了改变,不仅培养了孩子认真观察的好习惯,有了主动思考表达的欲望,就连集体活动时回答问题的语言也越来越丰富,越来越完整;日常的一些好习惯也在逐渐培养起来。家长们切实感受到孩子的变化,也都自愿坚持共读,他们通过共读自然而然地进入孩子的世界,和孩子内心有了更好的连接。我相信快乐地浸润在书香里，孩子们会创造出更多属于自己的故事，也会在童年里成长为最快乐的自己，更自信地走向未来。

点评：

一起读一读，也要一起演一演，儿童的阅读兴趣就这样被激发，思考习惯就这样被养成，而父母在陪伴中肉眼可见的成长，更是成为一个班级乃至一个区域的榜样。由阅读滋生的美好就这样蓬勃发展成为一道最亮丽的风景。

父母和孩子一起进行阅读故事分享，不仅可以增强孩子的自信心，也能够增进孩子与父母之间的交流；不仅可以促进孩子的成长，也是父母获得的一次难得的成长契机。

阅读小贴士

1. 挑选适合孩子心理特点和认知水平的绘本。

2. 亲子共读时注意语速和语气，留给孩子感受、体会、共情、想象的时间。

3. 共读时，及时发现孩子的兴趣点并跟孩子交流，让孩子积极参与进来，主动阅读与思考。

推荐书单

《雪人》《蚂蚁和西瓜》《艾玛捉迷藏》《咕噜咕噜涮锅子》《小狐狸买手套》

✦ 家庭篇

"宝贝"抢夺战

邢台市信都区幼儿园　宋佳忆妈妈　刘彩霞

风　波　起

"妈妈，你不爱我，我不要做你的宝贝了！"正在哄小女儿睡觉的我吃惊地看着泪流满面的大女儿佳忆，听到她这样说，我既吃惊又无奈："佳忆宝贝，妈妈现在需要哄妹妹睡觉，等她睡了咱们再说，好吗？"这句话好像触动了佳忆敏感的神经，她好像愤怒的小狮子一样大声说："妈妈你偏心眼，只管妹妹不管我，还骗我说爱我，大骗子！"

我真是冤枉啊，作为二胎妈妈，自认为凡事都把大女儿的需求放在第一位，把全部的爱花在她身上，几乎有求必应。之前家里只有大女儿的时候，每个周末我都会陪她学舞蹈学画画，陪她读书做游戏，平时下班后的时间我都用在陪她讲故事上，直到哄她睡觉，甚至晚上睡觉也从没让她离开过我。后来准备要二胎，我和孩子爸爸首先征求了她的意见，并告诉她："爸爸妈妈永远爱你，不管何时何地发生什么事情，爸爸妈妈只会越来越爱你。"我还带着她读和二胎相关的绘本《汤姆的小妹妹》《妈妈，你会永远爱我吗？》。佳忆当时说得好好的，还很期待家里再添一个新成员，现在怎么就忘了我所有的付出，还指责我不爱她呢？

我压抑住内心的波澜哄睡了二宝，轻轻地走出卧室想要和佳忆聊聊，却看到她聚精会神地看着电视。我走到她身边问道："宝贝，为什么说妈妈不爱你了？""哼……"小家伙还在生气，"妈妈，你现在都不陪我。"我带着歉意地安慰她："妹妹太小了，她离不开妈妈，现在她睡了，我陪你吧！"

丁零零……手机铃声突兀地响了起来，我低头一看，是一个学生家长打来的，我赶紧接通电话，同时传来的还有佳忆冷冷的声音："妹妹、学生家长都比我重要，我不要妈妈了。我有电视，以后电视就做我的宝贝，它能天天陪我！"

我忽然意识到我的孩子可能会因为我的冷落而落入电子产品的"魔爪"！对于周围孩子痴迷手机、平板电脑和电视导致的问题我早有耳闻，所以我特别注重对佳忆阅读习惯的养成。从佳忆6个月开始，我每年都会选购适合她年龄的书籍：1岁时准备培养幼儿语言发展、生活启蒙、引导宝宝养成良好生活习惯的"小熊系列"绘本，还有培养儿童情商行为的"歪歪兔系列"绘本，当然蒲蒲兰绘本馆的各种经典绘本也是她的最爱；2岁时准备的是培养专注力的贴纸书、培养发散思维的《中国幼儿百科全书》；3岁时准备的是培养安全意识、情绪管理、情商管理的绘本；4岁时准备的是唐诗、漫画、经典神话故事、数学启蒙游戏绘本。之前在《不看电视更好玩》一书中，佳忆已经知道了长时间看电视对眼睛不好，所以我和她也约定好每天只在放学回到家后看15分钟动画片，这个好习惯一直保持着，但二宝的到来打乱了这样的平衡。因为我的分身乏术，照顾二宝多一些，竟然导致佳忆迷上了看电视。

我慢慢地观察发现，佳忆看电视的次数越来越多，时间也越来越长。随着二宝的长大，想要按照之前约定好的时间关掉电视不那么容易了。一关电视，小的叫唤，大的也跟着起哄。我和孩子爸很焦虑，说得轻了，大的小的都不听，她以为你和她闹着玩呢；说得重了，孩子就有了反抗意识，偶尔还会和大人顶嘴。

觅 良 方

带着烦恼我咨询了老师和其他家长，他们提供的解决方法都是建议我重拾阅读绘本这一法宝，这次要带着两个宝贝一起阅读，提高陪伴质量，让孩子通过不一样的阅读方式和阅读内容来增进亲子关系、改善姐妹关系。心动不如行动，有了指引方向，剩下的就是实施的坚定步伐。

第一步是改变家庭的环境。我在家里电视旁边新添了一个大书柜，大人喜欢的书籍，孩子们喜欢的书籍，都整理好放到书柜里，增加书籍出现的频率，削弱电视的存在感。我还特意把书架下面的两层放上更适合小宝宝的洞洞书和布书，以此来吸引二宝的注意，再摆上一些养成好习惯的绘本，那些都是佳忆小时候最喜欢的书。饭后，我们夫妻俩有意增加读书活动，在大书柜前席地而坐，进行阅读。我们只是以身作则，对佳忆既不命令也不指责，让她自由安排自己的活动，佳忆看电视时就会看到电视旁我和她爸爸在读书，她会好奇地围过来看我们的书，然后也学我们的样子从书柜中拿出自己喜欢的书翻看，趁机我就关掉了电视。书架上随手可及的洞洞书、布书也成了二宝的新宠玩具，被她拿在手里抠一抠，翻一翻，兴趣十足。一时间家里出现了安静祥和的读书氛围。不过两个孩子各自读书的时间不会很长，不一会儿就都腻到我身边要我陪玩。这时候我就拿出《好饿的毛毛虫》《鸭子骑车记》等绘本给两个孩子一起讲故事，我让自己的声音更夸张，动作更丰富，通过表演逗得她们哈哈大笑，孩子爸爸有时也会和孩子们一起读书，给她们讲绘本故事。

风波再现

可是新的问题又来了，两个相差四岁的孩子，让她们同时看一本书实在有点困难。阅读的时候大宝萌生了认字的意识，在听我读故事的过程中除了看图片，还会指认出反复出现的常见字，虽然认识的字不多，但是也知道耐心等待妈妈讲完一页的文字。而二宝只会看图片，如果一页的字数很长，她就没有耐心听完，一直要翻看下一页的图画。佳忆看到妹妹乱翻书就会生气，不愿意再和我们一起读书，而又会打开电视，所以选择一本让两个孩子都喜欢的书很难。

一个偶然的机会，我在书架旁给二宝讲"小熊系列"绘本《午饭》，书中讲的是几个小动物分别和小熊分享自己饭盒里的食物，我模仿书中的小动物，拿着食物伸到二宝嘴边让她吃掉，还引导她发出"啊呜"一口吃掉的声音。二宝玩得很开心，我也讲了一遍又一遍。没想到看电视的佳忆听见我们俩一直不停地"啊呜"，噔噔噔跑过来说她也要玩。这本书是佳忆当年开始接触的第一本绘本，故事情节简单重复，图片可爱有趣，她看了好多年，书被翻得都快散架了，没想到还是会吸引她。她不仅愿意看，愿意讲，还愿意表演，我就顺水推舟地把故事主讲人的位置让给了她，看着她带着妹妹一起"啊呜""啊呜"玩的样子，我得意极了，能让两个孩子一起读的书就这样被我找到了，真是得来全不费工夫。

慢慢地，我开始尝试带着二宝重走佳忆的阅读之路，"小熊系列"绘本一共有15本，内容虽然简单，但佳忆还是很喜欢。她尝到了做故事主讲人的甜头，带着妹妹一起读，一起互动，一起完成绘本内容的表演。佳忆会扮演自己喜欢的角色，给妹妹分配任务，教会妹妹做书中指定的动作。这套绘本，两个孩子可以玩很长时间。

喜 转 变

我把佳忆的改变告诉了老师，我们都为孩子的转变感到高兴，王老师又趁热打铁给我推荐了几个读绘本的小妙招：她建议我在家带着俩孩子一起画绘本中的人物，然后制作成手偶或者头饰，让佳忆讲故事的时候戴着头饰或者拿着手偶表演绘本内容给二宝听。用了这个方法后，佳忆讲故事的兴致更高了，她很喜欢绘本《跑跑镇》，我经常能看到她翘着手指戴着美人鱼或者熊猫的纸偶在妹妹面前讲碰撞的奇妙故事，二宝也会举起消防车的纸偶"哇哇哇"地说着让人听不懂的童言童语去回应姐姐。班里还有手巧的家长，用纸、黏土和黑米做了故事盒子《好饿的小蛇》，班里孩子都围着这个故事盒子看个不停，佳忆挤都挤不进去。于是我在家和她一起做了《我的宇宙探险》故事盒子，佳忆用自己的故事盒子给班里小朋友讲故事，别提有多骄傲了。我发现佳忆从喜欢在家给妹妹讲故事，转变成敢在班级里大声讲故事，她的表达能力越来越强，性格也越来越开朗了。

王老师还推荐了一本超级好玩的绘本《穿花衣》，里面的图案竟然都是用手掌印制出来的，我第一次翻看时就被里面的奇思妙想吸引住了。原来我选择的绘本大多数都是跟好习惯养成有关的，但是忽略了孩子思维能力的培养，这本《穿花衣》正好弥补了我选书的空白。晚上全家一起读书的时间，我把《穿花衣》藏在身后，问两个小孩："宝贝们，我们的小手可以干什么呀？"佳忆反应迅速地说："可以吃饭，穿衣服。"二宝好像也听懂了似的，拿手拍拍自己的玩具，好像在说"可以玩玩具"。我故意神秘地说："今天妈妈把手掌藏在了一本书中，想不想知道它藏在哪里？手掌变变变，我们一起找一找。"随着两个孩子的欢呼，我们全家进入了快乐的阅读中。我指着第一幅画随意地讲道："瞧，大清早就有大公鸡招呼自己一家在草地上找虫子吃，燕子落在树梢上招呼自己的另一只伙伴。"佳忆看着我说："妈妈，你讲得不对，书上的字不是这么写的。"我微笑着鼓励她："看绘本讲故事不需要必须读书上的文字，你可以发挥你的想象力，看到什么想到什么就去讲什么。"佳忆兴奋地说："这么讲故事我也会，让我来，让我来。"她又一次担任起故事主讲人，指着青蛙图说："大大的池塘里有好多小青蛙，有两只蹲着的，还有三只青蛙在跳，我猜蹲着的青蛙是爸爸妈妈，他们在看着自己的青蛙宝宝玩儿。"我赶紧追问："你怎么知道蹲着的青蛙是爸爸妈妈？"佳忆说："多简单啊，青蛙爸爸妈妈的衣服颜色深，宝宝的颜色浅，妈妈，这你都看不出来吗？"我惊讶地看着佳忆："宝贝，你真了不起，观察得真细致，讲故事也能讲出自己的想法，加油！"佳忆又拉起妹妹的小手像青蛙一样跳来跳去，发出"呱呱"的声音，二宝也乐得前仰后合。后面的故事根本不用我费心，佳忆看着图画就自由自在地编起了故事，逗着妹妹讲完了。我又引着她俩去找画中藏着的手掌、燕子、青蛙、长颈鹿……"哇，妈妈，手掌可以画出这么多小动物啊？我的手能画吗？"佳忆期待地看着我，我就拿出事先准备好的水粉材料和白纸跟她们一起用手涂鸦，没有任何要求，就是在孩子手上涂上色彩让她俩随意涂画，整个读书过程快乐极了。每隔一段时间两个孩子都要拿出《穿花衣》读一读，玩一玩。

乐 收 获

慢慢地，我发现二宝也喜欢上了阅读，妈妈和姐姐都不陪她的时候，她会自己拿起书玩上好一会儿，佳忆和妹妹不再是母爱的竞争者，转变成了阅读的合作者，无形中佳忆替我分担了照顾妹妹的工作。当我有时需要忙自己的事情的时候，总可以放心地向佳忆求助，让佳忆学会用不同的方式讲故事，真是个一举多得的好主意。

亲子关系逐渐改善，我终于也敢问出藏在心中很久的问题："佳忆，现在谁是你的宝贝啊？还是电视吗？""当然不是，"佳忆干脆地说道，"现在书是我的宝贝！妈妈照顾妹妹很累，我要帮妈妈，因为我是你的宝贝啊！"谢天谢地，我终于把我的宝贝女儿从电子产品手中抢回来了。

相信我们能给孩子的，电子产品给不了，老师给不了，老人和保姆也给不了。这个世界上，只有父母这个身份，无须考试与审核，但也只有父母这个身份，必须终身学习。没有谁天生就会做父母，但面对孩子的教育问题，希望我们能不断修行自己，抓住陪伴他们的每一分每一秒，给孩子的童年涂上温馨的底色。

（指导教师：王慧）

点评：

在二孩家庭中，两个孩子争夺父母的关注和爱是很常见的现象，这位家长非常机智地通过绘本解决了这个问题，把两个孩子对父母爱的争夺，变为全家人在阅读中的其乐融融，姐姐这个差点成为"对手"的角色俨然已经成为父母的帮手。她不仅在家优秀，在班级中表现得也越来越自信，还避免了对电子产品的沉迷，阅读带来的好处可谓一举多得。

阅读小贴士

1. 二孩家庭需要培养孩子们共同的兴趣，让孩子陪伴孩子。

2. 为了读好绘本，你有为孩子准备故事盒子等阅读玩具吗？

3. 设计适合孩子不同需求的书架，让书籍摆放更合理，用阅读环境培养阅读兴趣。

推荐书单

《妈妈，我真的生气了》《我不急躁》《怕浪费婆婆》

读书那点事儿

邢台市信都区幼儿园　武品汐妈妈　吴瑞津

又快到女儿的生日了，我问她："想要什么礼物？"她说："还是照旧，买书呗。"想想也真快，转眼间女儿已经是一名五年级的小学生了，平时的爱好就是看书，书已经成为她生活中必不可少的一部分。女儿与书结缘，还要追溯到她的孩童时期，那是阅读兴趣和习惯养成的关键期。

陪　伴

在女儿刚上幼儿园的时候，我们有幸接触到了绘本。因为园内经常开展丰富多彩的绘本活动，所以孩子慢慢地喜欢上了听故事，每天我都会抽出时间来陪她进行亲子阅读，那是一件浪漫且幸福的事情。

记得刚开始的时候，我兴冲冲地去绘本馆给女儿挑选了几本"恐龙"系列的绘本，可拿回家后她却告诉我："妈妈，这些故事不好看！我不要看！"我耐心地告诉她说："这些都是关于恐龙的故事，特别有意思。"而女儿却还是不买账，这让我了解到，原来并不是我喜欢的，女儿就一定喜欢。于是，我咨询了女儿的老师，她告诉我："要尊重孩子的选择。"后来，再去挑选绘本的时候，我都会带着女儿一起去，让她自己挑选，不喜欢看的就先不看。过了一段时间，有一次，女儿竟然拿着一本宫西达也的恐龙系列之《你看起来好像很好吃》的书让我读给她听,我疑惑地问她:"你确定要听这个故事吗?"女儿眨了眨眼睛说:"当然了,老师在幼儿园给我们讲过,恐龙的书可好看了!"这回她听得可认真了。原来孩子的思想和认知是不断成长的,每个孩子的好奇心和探索欲是不一样的,孩子在不同时期接受的绘本也是不一样的,所以要慢慢陪伴,慢慢发现,慢慢一起成长。

积累=蜕变

记得小班下学期园内组织体检,下午接女儿回家的路上她告诉我:"妈妈,我今天打针没有哭。"我听后马上夸赞她:"宝贝,你真勇敢!"而她却漫不经心地说:"妈妈,你还记不记得《睡前别忘了喝杯牛奶》故事里的小鳄鱼了?它打针都不哭,我也要像它一样勇敢,有勇气!"听了她的话,我很惊讶。故事中,小鳄鱼第一次晚上一个人睡觉,它有些害怕,于是鳄鱼妈妈就在睡前给小鳄鱼喝牛奶的时候,让小鳄鱼列举了一些平日里做的有勇气的事,用给牛奶加"勇气"的特殊方式教给小鳄鱼去勇敢面对夜晚。故事也在潜移默化中影响着女儿,我想这就是绘本的力量吧。

有段时间女儿特别喜欢一个故事让我反复讲,而她百听不厌,并且每次都能提出不同的问题,我觉得她不单是在听故事,还是在思考,所以每次我都会满足她的要求,不厌其烦地讲给她听。记得在作者宫西达也的恐龙系列书之《你真好》中,她就问我:"妈妈,什么是'完蛋'啦?什么是'霸道'?霸王龙为什么说谎?……"我总是耐心地解释给她听,她也听得很认真。印象最深的一次,我正在睡梦中,突然感觉有人在用手扒我的眼睛,我隐隐约约听到一个小小的声音在我耳边响起："你睁开眼睛吧！我只有你这么一个朋友，我想跟你一起吃红果子呀！"我心想："咦！怎么听上去这么耳熟？哦，原来是故事中的一句话。"我瞬间睁开了眼睛，女儿的小脸出现在眼前，我搂住了她，她也抱紧了我，说："妈妈，我想永远、永远和你在一起。永远、永远……"绘本中霸王龙和薄片龙的情感，也在我和女儿之间传递开来。

《小怪兽》这本绘本也是女儿常听的故事之一，故事中小怪兽从一开始的小婴儿，到后来每天都会变成一种新的动物，大象、野猪、喷火龙……这让它的爸爸妈妈头疼不已，直到有一天小怪兽长大了，变成一位斯文帅气又有礼貌的年轻人，懂得孝敬它的爸爸妈妈。故事在潜移默化中也培养了孩子的美德。一天晚上，我躺在床上，手机手电筒的光把女儿小小的身影照得特别大，女儿兴奋地在床上蹦来蹦去，一会儿，她突然学着小怪兽长大后的口吻说："妈妈，我来帮你拉椅子，我帮你们准备早餐，如果要我做任何事情，尽管告诉我。"女儿竟一字不落地把故事中的话讲了出来。"妈妈，我来帮你捶捶背，我来帮你按摩。"简单的话语，让我听了很欣慰，我想女儿心里也在盼望着长大，为父母做一些力所能及的事情吧。后来，在家里我时常会和她一起进行故事对话，鼓励她在家给我们讲故事，在这过程中既锻炼了她的记忆力，也发展了她的语言表达能力。到大班的时候，我发现女儿的识字量惊人，其实我没有刻意地教过她识字，可我惊喜地发现常见字她基本上都认识了，识字量大概有两千字，到她大班毕业的时候就基本实现了自主阅读。

女儿接触绘本阅读以来的变化，更加坚定了我要把孩子读书习惯坚持下去的决心。孩子进入小学后，我每周都会带她到市图书馆去看书、借书。一张借书证只能借两本，可是女儿看书速度特别快，有时厚厚的两本书不到一天就看完了，空余的时间就没书可看，于是我们就办三张借书证。后来，家里的书慢慢多了起来，床头柜上、沙发上、阳台上，甚至厕所里都能看到书的影子，触手可及。有一次我在厨房做饭，女儿说想看会儿电视，我应允了她，可过了好一会儿，我都没听到外面有电视的动静，我出来一看，发现她正坐在沙发上津津有味地看起了书。原来是沙发上的书吸引了女儿，她竟然忘记了看电视。

收　　获

慢慢地，女儿对书愈加痴迷，只要一有时间就会阅读各种书刊，无论是天文地理、历史文学、经典名著还是童话故事，她都喜欢看。

女儿刚上小学一年级的时候，有一次放学后，她兴冲冲地跟我说："妈，我们班主任让我准备一下，后天下午上台给全班同学讲故事。"我说："挺好啊！老师怎么选上你的？"女儿轻描淡写地说："老师说有个机会谁想讲，我就举手了。"我心里暗暗窃喜：真是沾了读书的光，这对女儿来说还真是驾轻就熟啊，毕竟在幼儿园时她就经常给小朋友们讲故事，好多故事她早已烂熟于心了。

还记得当初女儿第一次在班上讲故事也不是很顺利，面对那么多人的目光，她很害羞，声音特别小，以至于故事讲完了，小朋友都不知道她讲的是什么。放学后，老师向我说明了情况，回家后我问她："听说你今天在班里讲故事了，是吗？"女儿说："是的，可是妈妈，我讲得并不好，我有点害怕。"我告诉她："宝贝，你迈出了第一步，已经很棒了，别说是你了，就是妈妈一下子面对那么多人也会紧张的，这很正常，慢慢来就好了。你喜欢看书，喜欢讲故事，把好的故事分享给其他小朋友是一件多快乐的事情啊。"女儿听了我的话点点头。后来我提议她早晨早点去幼儿园，在小朋友来得少的时候去给他们讲故事，慢慢地，她不再胆怯，越讲越好了。

后来，我又发现，因为大量阅读的积淀，女儿在写作方面也从来不发愁，作文多次作为范文

爱读书也爱写字的孩子们

在班上交流。在和孩子一起读书学习的过程中，我们深深体会到了读书的重要性，既能沟通父母和孩子的感情，又能激发孩子的学习兴趣，增长见识，还能营造愉快而幸福的家庭氛围，可谓一举多得。

现在，读书已经成为我们家庭生活中必不可缺的一部分，孩子在家中时时刻刻都能感受到书的气息和馨香。愿这一路的书香能始终伴随孩子健康快乐地成长。

点评：

阅读真的很有力量，当孩子依偎在父母怀里听故事的时候，你以为他只是漫不经心地听书中的故事，其实他也在联想自己，阅读会潜移默化地影响孩子，培养孩子良好的阅读习惯和阅读能力，还会让家庭教育事半功倍。

阅读小贴士

1. 你给孩子讲故事的初衷是什么？
2. 陪伴孩子读书带给你的收获是什么？
3. 尽早让孩子接触书籍。
4. 选择图书应以孩子的兴趣为第一要素。
5. 好好利用睡前阅读。

推荐书单

《小怪兽》《你真好》《别让鸽子开巴士》《憋不住，憋不住，快要憋不住了》《跑跑镇》

绘本润童心，读书促交往

邢台市信都区幼儿园　李思榈妈妈　王云霞

"妈妈，快来，该讲故事啦！亲子阅读时间到了！"每晚洗漱完后，蓓蓓都会迫不及待地选书，然后呼叫阅读伙伴——爸爸或妈妈。现在蓓蓓正在读大班，在上幼儿园的这两年多的时间里，我们家有了固定的亲子阅读时间——每天晚上睡觉前都会读一两本绘本故事，平时孩子也会自己读绘本。每个故事都是一次神奇的旅程，让我们浮想联翩。通过亲子共读，我们和孩子一同成长，一起分享读书的感动和乐趣；通过亲子共读，带给了孩子勇气、热情和自信。

找朋友——亲子共读的起始

与绘本结缘，起于一次"咬人"事件。蓓蓓上幼儿园后不久的一天，我接到老师的电话，说蓓蓓咬了另外一个孩子。我马上赶到幼儿园，看望了那个孩子，了解了一下对方的伤情并做了后续处理。放学回家后我问蓓蓓："你为什么咬小朋友？""他碰我！"蓓蓓大声说，并没有意识到自己做错事了。我生气地大声训斥了她，警告她不能随便碰别人。这件事让我对孩子的教育问题大为烦恼，因为在蓓蓓上幼儿园前我就发现她不太会与其他小朋友交流，并且很有"领地"意识，当别人侵犯了她的"领地"，很多时候她就会用肢体动作来表达自己的不满。

在我将自己的烦恼跟老师倾诉了以后，老师给了我建议，说孩子现在需要学习怎么与别人相处和理解别人的感受，可以考虑通过绘本阅读来切入，因为大部分孩子都喜欢听故事。老师给我推荐了绘本《你愿意做我的朋友吗？》。在和蓓蓓一起读了这个故事后，我问她："你喜欢书中的小绿鼠吗？"蓓蓓说："喜欢。"我又问："为什么？"蓓蓓说："因为小绿鼠很可爱。"蓓蓓很喜欢这本书，拉着我给她读了很多遍。后来我们还一起发明了找朋友游戏：一个人扮演小绿鼠，另外的人扮演小绿鼠要找的朋友。最初蓓蓓在找朋友被拒绝后会生气，但我会跟她说："书里的小绿鼠生气了吗？他都干什么了？"蓓蓓把小绿鼠当榜样，逐渐学会了控制自己。有一次在楼下玩时，她特别羡慕一个小女孩的玩具，跟我说想要。我说："现在没有卖玩具的，你去问问小姐姐能不能跟你一起玩吧？"没想到她过去跟那个小女孩说的第一句话是："你愿意做我的朋友吗？"小女孩同意了，两个人就一起玩了起来。这次经历让我很有感触，绘本的魅力就在于，很多感受孩子虽然用语言描述不出来，但是她能体会并且模仿。这些东西慢慢地影响了蓓蓓，让她逐渐学会了如何与小伙伴友好相处，学会了去主动交朋友。

学相处——有"目标"的亲子共读

蓓蓓活泼好动，熟悉幼儿园生活之后，时不时会有小朋友在接送时间向我"告状"，老师也给我反映过几次她的问题。有一次放学时，又有一个小女孩跟我"告状"，说蓓蓓把她的"城堡"弄坏了。我问清楚了事情经过，原来是玩玩具时小女孩想建城堡，而蓓蓓想要与小女孩一起玩拼图,就把人家的城堡给弄倒了。类似的小事还有很多,和朋友在一起时,她总想让朋友都跟她一起做某件事情,人家不同意,她就"搞破坏"。这段时间,蓓蓓在家已经形成了阅读绘本的习惯,每天都会让我给她读一两本书,有时候她自己翻阅,有时候大人给她讲。所以针对她最近在交往方面出现的问题,我还是准备从阅读绘本入手解决。

经过多方"考察",我选购了《公鸡的新邻居》这本书,书寄到后我特意摆放到她的书桌上。果然,蓓蓓到家没多长时间就发现了"新朋友",激动地说:"妈妈,买新书了?""对啊!""我要听故事!"

我们一起坐好,开始了阅读。读完故事以后,我问:"公鸡等了一天也没等到新朋友,它生气了吗?""没有啊!"蓓蓓回答。我又问:"怎么不生气呢,等了一天呢!"蓓蓓笑着说:"它的邻居是猫头鹰。""那它们俩能成为好朋友吗?"我表示疑惑。"能啊!是好朋友了!"蓓蓓赶紧说。我又问:"它们都不一起玩儿,怎么当好朋友啊?"蓓蓓没说话。后来在一遍又一遍的阅读中,蓓蓓将我的问题回答得越来越清楚,"好朋友要互相关心","好朋友不一定做什么事情都在一起"……通过绘本,蓓蓓明白了友谊需要彼此相互包容的道理。在我跟老师交流时,老师也说,蓓蓓在幼儿园跟小朋友相处时能考虑别人的感受了,不像以前那么自我了。

受欢迎——"表演性"的亲子共读

孩子对绘本阅读的兴趣越来越高，幼儿园图书馆的绘本成了我家的常客，每周我都会带孩子去挑选几本她感兴趣的绘本，带回家和孩子一起阅读。有一段时间我发现，蓓蓓对可以用动作表示的如《从头动到脚》这类绘本很感兴趣，经常在阅读时边读边做动作。于是在和孩子读类似绘本《猴子和鳄鱼》的时候，我们也会边读边加一些动作，我还会和孩子一起合作，把每一个情节都用动作表演出来，把这个故事变成一个小小的动作剧。每次表演鳄鱼时，蓓蓓会把两只手张得大大的，还发出"啊呜"之类的可怕的声音，我就会装作猴子，身体缩成一团，害怕得直发抖。蓓蓓的兴趣很浓，每次表演时都很投入，在家里表演了一次又一次。后来听老师说她在班里给小伙伴们表演了这个故事，孩子们也很感兴趣，都来找蓓蓓教她们表演这个故事。这样的经历也大大增强了蓓蓓的自信心，让她敢于在大家面前进行表演，也让她收获了更多的朋友。现在，蓓蓓特别喜欢进行绘本剧表演，在讲自己熟悉的故事时也能声情并茂、绘声绘色，大狮子说话时她粗声粗气，小动物害怕时她也在瑟瑟发抖。

在这段亲子阅读旅程中，孩子从一开始需要大人帮着读，到能自己观察图片中的细节并自主阅读，再到后来，甚至已经能看着图画编故事、演故事了。现在在幼儿园，蓓蓓经常充当"小老师"，给小朋友

蓓蓓在幼儿园和小朋友一起读绘本

们讲故事。

亲子共读，增进了我和孩子之间的感情；亲子共读，让孩子增长了知识，增强了她的表现力和表达能力；亲子共读，还让孩子收获了自信和友谊。我愿为孩子营造一个快乐读书的家庭环境，让孩子快乐阅读，快乐成长。

点评：

从总是和朋友动手的"淘气包"，到爱上阅读自己创编"动作剧"，一个小女孩的成长和蜕变，就这样在亲子共读绘本的过程中自然而然地发生了。

阅读小贴士

1. 购买图书时给孩子一定的自主权，让他们体会到逛书店是一件有意思的事，孩子会更爱阅读的。

2. 平时积累书单，在商家搞活动时一起购入，可以节省开支。

3. 尽量坚持阅读，让阅读成为孩子的一种习惯。

推荐书单

《你愿意做我的朋友吗?》《公鸡的新邻居》《我有友情要出租》《敌人派》《不是那样，是这样的!》《好朋友》

行走着、阅读着、成长着

邢台市信都区幼儿园　国釜玮妈妈　徐娟

在教育儿子的路上，第一次成为父母的我们总是在不停犯错中改正成长。儿子淇淇现在喜欢读书和运动，性格开朗又自信。但回想淇淇初上幼儿园时遇到的种种问题，真没办法和如今的他联系在一起。

淇淇小的时候跟着奶奶在楼房住，在他三岁前，我们从没觉得自己的孩子与其他孩子有什么差别，可是自从上了幼儿园，我们才慢慢地发现了问题。

阅读初始

淇淇刚上幼儿园的一天，我早早就去接了他，看着很多小朋友在滑梯上玩儿，我对怀中的淇淇说："瞧！滑梯多好玩呀，你和小朋友一起玩滑梯吧！"淇淇却摇着头，搂着我的脖子不松手。在我耐心地劝说下，淇淇终于拉着我的手，慢慢走向滑梯，却在滑梯最高的台阶上，紧紧拉着我的手指，不敢坐上去。看着别的小朋友欢呼着滑了一圈又一圈，我很失望。淇淇已经三岁半了，竟然还不敢从滑梯上滑下来，这是为什么呢？

我送淇淇时，向他的班主任尹老师反馈了这个情况："别的小朋友有没有这种情况？他怎么这么胆小呢？"尹老师想了想对我说："淇淇和小朋友排队走路，常会跌倒，在院子里玩儿，他也跑不起来，这不仅仅是孩子胆小的原因。"听了尹老师的话后我更焦虑了："那会是什么原因呢？""淇淇在家的时候，你们每天带他散步吗？他能和你们一起走多远？"我想了想说："我工作比较忙，都是他奶奶带他。奶奶腿脚不好，我们家住的楼层高，奶奶带他下楼不方便，所以很少下楼。我带淇淇出门的时候，抱着他走路比较多，因为他走得太慢了。"看着尹老师笑着看向我的眼睛，最后一句话我几乎没有勇气说出来。"你看，你经常抱着他走路，在家孩子也少有机会去外边跑起来，他太缺少这样运动的机会了。"尹老师提醒我。"尹老师，您不知道，他也不喜欢运动。"我试图解释。"你怎么知道他不喜欢运动呢？"尹老师反问我。"每次我说，淇淇跟妈妈去散步吧？他连理都不理我。""他在做什么？""他在看动画片呀。"听到这里，尹老师很认真地对我说："你试着换一种方式带他运动。另外，每个孩子看动画片的时间一次不能超过10分钟，一天不能超过45分钟，要不然会影响孩子视力的。""一次10分钟？他非哭闹不可的。"尹老师给我出主意："试一试跟他一起定个时间，然后陪他一起玩游戏，或者读绘本故事。昨天我给孩子们讲故事的时候，他就听得特别认真。""是吗？老师，您读的什么书，能推荐给我吗？我也读给他听。"尹老师从班里拿出一本书递给我："我把这本书借给你，先跟孩子一起读读试试。"我半信半疑地接过这本书——《从头动到脚》，这本如巴掌大小的图书，真的行吗？

晚上把淇淇接回家之后，我没像往常一样打开电视机，而是坐在沙发上，拿出绘本说："淇淇，妈妈拿了一本很好看的书，你要看看吗？"儿子也爬到沙发上，一看到书的封皮，就开心地说："大猩猩，这是大猩猩。"一边说着,一边还在沙发上站了起来,双手高举着比画。别说,还真的像是只大猩猩。我指着封面上的文字告诉他:"这本书的名字叫《从头动到脚》。"淇淇用手指着大猩猩:"妈妈,这是头,这是脚。"

我们就这样开始讲起了故事:"我是企鹅,我会转头,你会吗?"

"我会,我会。"说着,淇淇还不停地转动着头。

"我是长颈鹿,我会弯脖子,你会吗?"

"我会,我会。"淇淇把头往前点了点。

不知不觉间,淇淇把书中所有动物的动作学了个遍,额头上已经冒出了汗。故事讲完了,淇淇却拉着我的手说:"妈妈,还要听。"既然孩子这么喜欢,那么我们一起再来一遍吧!这次我和淇淇一起边读故事,边跟着小动物做动作。淇淇咯咯咯地笑着,不知不觉一个小时过去了,他玩的兴趣还是没减。爸爸回家后,淇淇还当了一回小老师,毫无保留地把故事讲给了爸爸。

这天我们的晚餐桌上,淇淇破天荒地独自喝了小半碗粥,也没吵着要看电视。没想到,这小小的绘本魔力这么大。

爱 上 阅 读

我把绘本还给了尹老师,向尹老师表示了感谢:"这样挺好,以后我可以多买几本书,让他自己读书,就不会老是盯着电视或者缠着我了。"尹老师听了连忙制止我:"这可不行。孩子喜欢听故事,但是他的年龄太小,还不适合自主读书,需要你们家长陪伴他一起读,你来讲文字,他来看图画,孩子对故事的理解会更深入。如果长期坚持下去,还能养成他读书的好习惯。""是这样呀!那我买什么绘本呢?"

尹老师给了我一份表格，告诉我："这是我们自己做的书单，里面选取的主要是一些获得国际大奖的图书和获得大奖的作者出版的绘本，还有一些适合这个年龄孩子们看的绘本。"尹老师突然想起什么："对了，你可以到图书馆办张借书卡，让孩子自己选择绘本，这种方式也不错。"

借书卡很快办好了，先按尹老师给的书单，我借出了《好饿的毛毛虫》《母鸡萝丝去散步》《胆小鬼威利》这三本书。

晚上我们回到家，淇淇知道我给他带了礼物，特别乖地等在我身边。我把绘本递给淇淇，他开心地举着书，晃着我的袖子说："妈妈，讲故事。"今天淇淇兴致很高，讲完一本又要读另一本，不知不觉三本书都读完了，淇淇还搂着书舍不得放下，坚持还要再来一遍。"妈妈，什么是胆小鬼？""你觉得呢？""威利怕小虫子，还会挨打，威利是胆小鬼。""那你要做胆小鬼吗？""我才不是胆小鬼，你看，我是大力士。"说着，他举了举自己的胳膊。"嗯，淇淇才不是胆小鬼呢。"虽然小胳膊有点细，但是孩子的表现很值得肯定。

这一天，我到幼儿园接淇淇，他竟然主动拉起我的手朝滑梯走去。这一次没有犹豫，他自己扶着栏杆慢慢地走到了滑梯口，回头朝我微微地笑了笑，我也冲着他举了举手臂给他加油。边上的小朋友也在对淇淇喊着："加油——"只见淇淇双手扶着滑梯的两边，坐在了滑梯上，"呲——"很快滑到了底。他爬起来兴奋地蹦跳了两下，转身又快步走向了滑梯，这次脚步有力了许多。一圈又一圈，他不停地跑上滑下，衣服也被汗浸湿了。回家的时候，淇淇说："妈妈，我不是胆小鬼。"我顿悟，淇淇是读懂了《胆小鬼威利》的故事，受到了启发。"当然不是了，淇淇最勇敢了。"我很郑重地对他说。

看来，阅读真的很有用，淇淇的"胆小"问题就这样迎刃而解了。

在阅读中行走

我和淇淇约定：每天晚上8点是我们亲子阅读的时间。每天看到钟表指向8，淇淇就会拿着绘本来到我身边，我也会放下手头的事情陪他读书。

这天，淇淇挑选的绘本是《动物园的外卖》。他看到那些熟悉的小动物开心地叫着："这是熊猫，这是长颈鹿，这是小猴子，咦，这是什么？"淇淇指着小动物们旁边的图形问，"哦？像不像小熊猫的眼睛？""嗯，这个是老虎身上的花纹，这个是海豹的鼻子！"儿子兴奋地找起了其他的标志。"妈妈，熊猫和我一样高吗？""猴子的屁股是红色的吗？"——看到淇淇有这么多的疑问，我想干脆带他一起到野生动物园去找找答案吧！

周末，我带着淇淇到了北京野生动物园，他立刻兴奋地奔向了小动物们。在工作人员的陪伴下，他一会儿摸摸梅花鹿的角，一会儿喂喂斑马，一会儿给金丝猴投个食，一会儿又和小熊猫比比个儿……淇淇不仅解决了很多疑问，还有了一个重大发现：他发现动物园中每个动物栅栏外都有一个标牌，上面记录了动物的名称、所属科目、习性及产地等内容。有了这个发现，再到一个地方，他就一定会拉着我给他讲上面的介绍。这一次的游玩，我和淇淇一样收获多多。

就这样，我们边读书边游玩。一起阅读了绘本《在我脚下》，一起到田野中去寻找各种昆虫和鸟儿。当淇淇拿着网，开心地举着蝴蝶给我时，我也会举起抓到的毛毛虫回应他，我们都开心得不得了。

一次，我们阅读了《逃跑的小火车头》，他指着图问我："火车前面的两条线是什么？"我告诉他，那是铁轨。可他还是不明白铺设铁轨干什么。我想，那么我们就一起去坐坐火车吧！卧铺、高铁、双层火车我们都坐了个遍，终于，他不仅知道了铁轨的作用，还了解了不同火车的不同功能和特点。

在行走中阅读

尹老师告诉我，读绘本时，一定要给孩子读封面的内容。淇淇在听绘本故事的过程中，喜欢上了很多绘本作家。

这一天，尹老师告知我一个好消息——埃尔维·杜莱先生在北京有读者见面会，得知能去见杜莱，淇淇特意换上了帅气的衣服。在杜莱的见面会上，淇淇和其他小伙伴们一起跟随着杜莱玩转颜色。以前不敢在画纸上画画的儿子，这次却玩得不亦乐乎，弄得脸上、手上、身上都是水粉颜色。他在长长的画纸上画了一个又一个不同大小的圆，之后，杜莱很巧妙地用画笔添上长长的茎变成了色彩缤纷的花朵，看着儿子望着杜莱那崇拜的眼神，我能体会到淇淇在得到自己喜欢的作家的赏识时的那种兴奋。杜莱先生不仅把好书送给了淇淇，更是把一颗创造美、欣赏美的种子播撒到了他的心田。

淇淇还喜欢参加童书博览会。有时候整整一天我们都泡在那里，淇淇挑选了自己喜欢的绘本，我们站着读，坐着读，累了就趴下读。淇淇看到书中的场景竟然在会场中出现了，更是欣喜若狂。他拉着我的手去一个个地认："妈妈这是彼得兔，这是鼠小弟……"直到清场的时候才依依不舍地抱着我们购买的图书离开。

时间过得很快，转眼淇淇已经上大班了。这时的淇淇已经成为一个结实的小伙子了。因为经常运动,他的饭量也大了起来,跑起来像一个小炮弹。我们一起去爬山,他自己背着小行囊能一口气爬到山顶。

运动让淇淇更加健康,阅读让淇淇更加自信。由于他读书较多,常常被邀请到小班给弟弟妹妹讲绘本故事;因为他旅游去过的地方多,了解的知识也多,常常受邀为小朋友们解惑。他不仅敢于表达自己,而且思路清晰,表达得还很有逻辑。阅读改变了淇淇,也改变了我们一家的生活。一起阅读,一起游玩,这就是我们家的阅读故事。

淇淇给小班的小朋友们讲绘本

感谢阅读带给我们一家的改变,一起喜欢上阅读,一起把阅读当成生活中不可缺少的部分,让书香充盈我们家的点点滴滴。

点评：

在阅读中行走，在行走中阅读，当孩子真正爱上阅读，也为孩子打开旅行的体验之门。当孩子真正爱上了生活，也就真正拥有了幸福。

阅读小贴士

1. 您会和孩子一起读绘本，玩互动游戏吗？

2. 绘本中封面、书名页、蝴蝶页、封底中也会藏有秘密，可以带孩子一起寻找。

3. 亲子游戏中会有很多小意外发生，如画画时，身上泼上各色染料，请控制好自己的情绪，给予孩子鼓励的微笑，也许一位画家就在此时诞生了。

推荐书单

《北京　中轴线上的城市》《世界的一天》《丛林假日》《在我脚下》《小船的旅行》

亲子共读伴成长

邢台市信都区幼儿园　李明欣妈妈　孟秋芹

"我不想上幼儿园,我不去幼儿园!呜……"一大早,女儿欣欣用小拳头揉着双眼哭个不停,沙哑的哭声让我既心疼又无奈!她已经入园一个多星期了,每天早晨都这样,我每天换着办法哄她,对她好好说话,买她最喜欢的棒棒糖、布娃娃,但都没有多大的效果,到了幼儿园门口,还是哭喊着被老师接过去抱进班里。于是,我忐忑不安地拨通刘老师的电话,具体了解欣欣入园后的情况。我知道欣欣从小性格内向,胆子很小,做事较慢,遇到困难缺乏自信,但没想到,欣欣入园后的状态更糟糕。如何帮助欣欣变得自信开朗呢?这成了我们夫妻俩的重要功课。我们尝试了很多种方法,想帮助女儿尽快适应幼儿园生活,但最后都以失败告终……直到后来,绘本走进了欣欣的世界,走进了我们的家庭,一切都开始发生变化……

融洽共读中传递爱

我去幼儿园接欣欣,又抓住短短几分钟时间和老师交流,向老师了解她在幼儿园的表现,刘老师充满爱的语气让我很感动,边说边递到我手里一本书——《猜猜我有多爱你》,她对我说:"这本绘本传递了满满的爱,特别适合亲子共读,可以尝试陪欣欣读一读,多陪孩子读书会助力孩子的成长。"我双手接过书,好像寻到救命稻草一般!晚上吃完饭,我早早收拾好家务,拿着绘本故事和欣欣一起上床。当欣欣看到这本书时惊喜万分,拍着小手在床上跳了起来,好奇地问:"妈妈,你怎么有这本书啊?老师今天也给我们讲了这个特别好听的故事呢!"她拉长声音说"特——别——好——听——"四个字,而且声音很大,还张开双臂比画着,我能感受到她对这本故事书的喜爱之情。眼前欣欣的这个状态就是我喜欢的样子啊!我心里想:她在幼儿园也这么开朗该多好!我趁机把欣欣抱在怀里,问:"欣欣,你很喜欢这个故事,对吗?"她使劲儿地点头说:"妈妈,今天在幼儿园里,老师给我们讲了大兔子和小兔子的故事,老师还扮演了大兔子,让我们小朋友扮演小兔子,我们和老师一起表演故事呢!这个故事可好听了,你再给我讲讲吧!"我和她大手小手一起翻开书,一页一页地读了起来。

当读到"我跳得多高,就有多爱你"这一页时,欣欣从我的怀里噌的一下站起来,对我说:"妈妈!我跳得多高,就有多爱你!"

我也快速站起来,对她说:"欣欣!我跳得多高,就有多爱你!"

欣欣接着说:"我爱你到脚趾头!"

眼前的她,就是在借书中的小兔子来表达爱啊,我不失时机地迎合上去,也伸出双臂借书中的大兔子表达我的爱。欣欣这时咯咯咯地笑出声,整个床就成了我们母女俩表演的舞台!我蹲下来,用肯定的眼神看着她,同时伸出大拇指在她的脑门上"盖了个章",这是欣欣一贯喜欢的被表扬的方式,我毫不吝啬对欣欣的肯定和表扬:"欣欣都能这么有爱地表演故事,看来是把这个故事真正读到心里去了。你让妈妈也想多跟你一起读故事、一起演故事了哦!"她郑重其事地答应了，非常开心。

这个故事真的很感人，别说欣欣，就连我自己也感动不已。大兔子和小兔子的对话有趣、有爱、有情节，它让我的心变得更加柔软，唤醒了我的爱，也给予孩子无穷的力量。这天晚上，故事表演完后，欣欣满足地进入了梦乡，而我的心情却久久不能平静，回想自己之前陪伴欣欣的时光，真是觉得太对不起她了。每当我的情绪不好，就会对欣欣大声吼叫，以致女儿变得胆小、内向，不敢在公共场合说话，不敢表现自己……我真心觉得孩子的问题不是孩子的，而是父母的问题。我特别感谢老师将绘本推荐给我，让绘本走进我们的家庭生活，指导我重拾陪伴女儿健康成长的信心。我暗下决心，要改变和孩子的沟通模式，用爱拥抱欣欣，给她心灵成长的力量！

之后的日子，我尽量抓住一切机会向刘老师请教，从老师那里不断了解到更多适合欣欣读的绘本故事，这一读，就读出了"刹不住车"的节奏。

一连十多天，欣欣每天晚上都哄着我给她讲《猜猜我有多爱你》，一遍、两遍、三遍，我不厌其烦地给她讲，她津津有味地听着，连续共读几天后，欣欣的变化突飞猛进：每次我刚读三两个字，她就能接着讲起后面的情节。爸爸在一旁听着，直夸她故事讲得好。我们和欣欣时常分角色表演故事，在表演的过程中，我们进一步体会绘本中文字的魅力，再讲起来时就更绘声绘色了。这种共读的模式是增强我们亲子互动的一个法宝，打通了我和欣欣的心灵之门。

随着不断阅读绘本，欣欣的言行也在渐渐发生变化。她对于自己喜欢的故事，会滔滔不绝地讲半天，从她流畅的表达中，我感觉到欣欣的反应不"慢"啊。原来，这些绘本故事成了她心里的一道光，让她内心更有力量，面对一切也不再茫然。

一天，老师在群里晒出了小朋友们游戏的照片，我惊讶地发现欣欣在和伙伴们一起跳绳，脸上洋溢着开心的笑容。这一幕，终于打消了我之前对欣欣的所有担心。

刷牙行动小记

当绘本走进欣欣的世界，走进我们的小家庭，读书讲故事就犹如吃饭一样成为我们家庭的日常。不光我和欣欣一起爱上读书，就连欣欣爸爸也被吸引到我们共读的小队伍当中了。很庆幸，在我上班工作不能陪欣欣的时候，爸爸会想方设法地抽时间陪伴欣欣，这给了欣欣很多我不能满足的快乐时光。

爸爸和欣欣共读绘本《鳄鱼怕怕　牙医怕怕》，其中讲到了鳄鱼不爱刷牙，导致牙疼得厉害，在经历了看牙医的痛苦后，终于从中吸取教训，下决心以后一定好好刷牙。

这个故事震惊到了欣欣，因为她也很害怕牙疼，也很害怕去看牙医。于是欣欣主动向爸爸提出："爸爸，给我买新牙刷和牙膏吧！我要天天刷牙！"爸爸自然是满心欢喜地答应了。可还没过两天，热乎劲就过了。欣欣忽然说："我今天不想刷牙了……"我和爸爸一时间没想好该怎么办，就暂时没做出回应，也没有强迫她去刷牙。晚上，待她入睡后，我和爸爸探讨，如何帮助她坚持刷牙，爸爸说："咱俩分工合作吧，每天晚上睡前我陪欣欣一起刷牙，早晨起床后你陪欣欣一起刷牙，如果我们三人都有空，那就三人一起刷牙。"我点头赞成。

"欣欣，我们一起去刷牙喽！刷完牙上床听妈妈讲故事。"爸爸大手拉上欣欣的小手，一起开心地跑进卫生间，我听见他们还哼唱起了

《世上只有妈妈好》的旋律。凑过去一看，欣欣正踩着小板凳和爸爸并排站在镜子前，满口泡泡把他们父女俩装扮得像猫咪一般可爱，好温馨的场面，我赶紧拿起手机，抓拍下这个精彩瞬间，欣欣看到照片后更是笑得前俯后仰。

就这样，我们和欣欣一同刷牙半年多，常把刷牙当作玩游戏来互动，欣欣不再觉得刷牙是个负担，而是快乐地享受着我们以这样的方式和她"刷"在一起。以致后来，只要到睡觉时间，她就会主动组织我们一起去刷牙，让谁都没有了想偷懒的机会，天天刷牙的好习惯就这样陪伴她养成了。一家三口抱团成长，让我们看到了坚持的力量。

共读中学会珍惜时间

一个星期天，我带着欣欣去绘本馆转了一圈，欣欣自己选择了绘本《金老爷买钟》，问她为什么选这本书，她笑着说："上次听见一位阿姨在给她的宝宝读这本书，我听着很有趣。"原来是这样，看着别人读得那么开心，自己也会喜欢上呢！欣欣兴高采烈地把这本书抱回了家。

回到家，欣欣迫不及待地把这本书拿出来要与我一起分享。其实在家庭中，亲子共读时间已经不仅仅限于晚睡前。比如我们家，当欣欣的阅读情绪高涨时，我们会立刻抓住机会共读，这样做也往往会有意想不到的效果。这本书的作者是英国的佩特·哈群斯，欣欣喜欢的经典绘本《母鸡萝丝去散步》也是他的杰作。

《金老爷买钟》的内容是这样的：有一天，金老爷在自己的阁楼里找到了一只钟。为了知道这只钟走得准不准，他又出去买了一只钟作比较，把它放在了三楼的卧室里。金老爷先看了这只钟的时间是3

点整，然后赶紧跑上阁楼再看那只旧钟却是3点01分，哪只钟才是准的呢？他糊涂了，只好又出去买了一只钟。后来，他又买了两只钟，分别放在二楼的厨房和一楼的门厅。他不停地跑上跑下，可是每只钟的时间都不一样，到底哪只钟是准的呢？最后，他请来了一位钟表师傅，用自己的怀表帮他解决了问题。金老爷好像明白了什么，钟表师傅前脚出门，他后脚马上买了一只和钟表师傅一模一样的怀表。从那之后，他所有的钟都准确了……

沉浸在书的海洋里

故事看起来简单，但是为什么金老爷的钟总是不准呢？是金老爷的钟有问题还是金老爷有问题呢？听听欣欣的理解吧！

我：金老爷家有钟为什么还要买钟呢？

欣欣：他想知道钟准不准。

我：他的钟到底准不准呢？

欣欣：都很准呀！

我：那他为什么还要一次一次地买钟呢？

欣欣：哎呀！妈妈！他在走，钟也在走，肯定每次的时间都会不一样，所以他就觉得钟不准。

我：说得很不错，你很会动脑筋呢！那你觉得他应该怎样做？

欣欣：很简单，把钟都放在一个屋里就行了。（确实是个好办法）

我：那他为什么没有这样做？

欣欣：因为他没有细心观察，一看时间不一样就忙着去买钟，也不好好动脑筋想想办法，而是买了这么多钟，多浪费钱呀！

欣欣接着说："对了，妈妈，平时您总是告诉我'时间不等人'，让我节约每一分钟，有时候，我在收拾书包的时候，本来想着五分钟收拾好，可是我一磨蹭，就用了十分钟，时间也不会停下来等我。如果我不磨蹭就可以节约出来五分钟，还可以干其他事情呢！"显然，欣欣在故事中学会了反思自己的行为。

以前，我们总会为欣欣的磨蹭行为而苦恼，一看见她收拾书包慢悠悠的，就忍不住要叨叨："快点呀，时间不等你！别磨蹭了，时间都让你白白地浪费了！"可是好像都没有什么效果。可是通过读这本绘本，她自己真切感受到了时间一直在流逝，任何时候都不会停下来等待的道理。爸爸趁机鼓励她："所以宝贝，珍惜时间就从现在开始吧！"

于是父女俩一起行动，学习节约时间。比如睡前开始比赛脱袜子，起床后比赛穿衣服鞋袜，收拾房间时看谁打扫得又快又干净，整理各自的衣服也要比个高低快慢……爸爸每次都会"见机行事"，有时故意比欣欣晚一点点，还表现出很努力的样子，嘴里说："我不能输给欣欣，我要加油！"这让欣欣做得更专注了。每当欣欣获胜，就会开心地转圈圈，像个小陀螺一样。

欣欣在上幼儿园期间，有一项工作很重要，那就是家园沟通。每当欣欣成长过程中遇到问题，我都会追着刘老师问东问西，没少麻烦老师。我从刘老师那里学到很多育儿经，从内心特别感恩刘老师，感恩她对我用心指导和引领，一起给了欣欣无微不至的关爱。回顾女儿三年的幼儿园生活，从刚开始的入园难，让做妈妈的我心力交瘁，到毕业时的离园难，对老师的情谊难舍难分，我们这一路经历了太多的感动。

在家里，我们夫妻俩无缝衔接陪伴孩子也是一种莫大的幸福。我们也不断总结经验，平时生活中的很多活动，我们更加注重进行合理分工。比如：爬山、打球等运动类的活动，爸爸会自告奋勇陪孩子；而进行一些手工编制、折纸等活动则是我积极陪伴；若是大扫除、郊游等，我们会全家参与，三口齐上阵！

通过共读实践，我们全家都获得了很多的成长经验，我们也更加坚信，幸福生活，一定是越读越精彩！

（指导教师：刘书红）

点评:

很多孩子在刚上幼儿园的时候会产生分离焦虑,如何帮助孩子和父母很好地度过这段时间,这位妈妈的做法值得学习。尤其是家庭中爸爸的积极参与更能够增强共读行动对孩子的教育效果。

阅读小贴士

1. 更好地培养孩子的阅读习惯,阅读时间要相对固定,晨起、餐后、睡前,您喜欢和孩子在什么时候共读呢?

2. 亲子共读不仅是妈妈的事,爸爸参与进来更好。

3. 亲子共读后,可以找一些孩子感兴趣的话题和孩子聊聊,促进孩子思考,还可以将阅读活动拓宽到画画、手工、观察、讨论等更广泛的领域。

推荐书单

《没事,你掉下来我会接住你》《有一天》《小熊比尔和大熊爸爸》《看不见的线》《宝贝,快到我的怀里来》《存起来的吻》

一本绘本引发的阅读之旅

邢台市信都区幼儿园　刘浩然妈妈　杨艳霞

"妈妈快点打开电脑,到杨老师上课的时间了!"浩浩指着钟表,表情神采飞扬,开心得要命。"好,妈妈这就来!"我的嘴角扬起一抹笑意,脑海浮现出常常看到的一幕:聚精会神聆听老师上网课的浩浩,时而为提问而期待满满、时而为思考而眉头紧锁、时而为表扬而喜笑颜开。只觉得心里熨帖而满足。

2020年,由于疫情,浩浩有一个学期只能在电脑屏幕上看到老师那微笑的脸,已是一年级小学生的浩浩从刚开始的不知所措,到现在的游刃有余,适应得还是很快的。他能做到准时听课、认真学习、按时完成练习,我也从刚开始的陪伴,到后来的放手,和孩子一同适应了这个变化。

回想起浩浩的成长历程,我从内心感谢阅读、感谢幼儿园。

在摸索中爱上阅读

说起浩浩这个小男孩,两岁半说话还磕磕绊绊,一度让我们很担心。听说阅读对他有帮助,我就开始给他讲绘本故事。我先后从网上为他购买了《鳄鱼怕怕　牙医怕怕》《我爸爸》《我妈妈》《逃家小兔》《猜猜我有多爱你》《好饿的毛毛虫》等经典绘本故事。拿到这些书的浩浩瞬间兴奋起来，翻翻这本、看看那本，眼睛亮晶晶的。"浩浩，妈妈给你讲故事吧？"我的声音中充满诱惑。"好啊！"浩浩声音欢快，充满了期待。我们打开了《我妈妈》："这是我妈妈，她真的很棒……"可这一句还没有讲完，浩浩小手一翻就到了下一页；下页还没有讲完，就又一翻……然后他很快失去了兴趣，跑到一边玩玩具去了。

我的心情直接跌入谷底，失落地问自己："我家孩子怎么就不喜欢读书呢？这可是最受小朋友欢迎的经典绘本啊！"愁绪渐渐爬上眉梢，我不想放弃。直到一本绘本的出现，让事情出现了转机，这本书就是我最喜欢的《先左脚、再右脚》。第一次把这本绘本带回家，我就迫不及待地跟浩浩分享，深吸一口气做好准备，声音舒缓而温柔："巴比的名字是根据他最要好的朋友的名字取的……"果然不出所料，浩浩还是没有读完就翻到了下一页。这时，我忽然发现浩浩的眼睛亮了一下，指着书中巴柏和巴比最喜欢的游戏搭积木，小眼睛忽闪忽闪的："妈妈，积木。"我突然想起这也是浩浩最爱玩的游戏，脑子里仿佛一道亮光闪过。

我决定暂时放下故事。笑着问浩浩："巴柏和巴比在干什么？""搭积木！"浩浩瞬间兴奋起来。"那我们也来玩搭积木吧？""好啊！好啊！"小家伙激动地叫起来。我们就开始玩用双手交替叠高，模仿积木垒高的游戏，接着他又兴奋地指着下一幅图看着我，期待我继续和他玩儿。他自己都不知道，那一刻他嘴角的笑容有多灿烂，一本绘本引发的故事之旅就此展开。原来浩浩喜欢这样互动式的阅读，不喜欢安静聆听的方式。

为了验证我的想法，我又给孩子讲了绘本《好饿的毛毛虫》。我们一大一小两个人一会儿学毛毛虫一耸一耸向前爬,一会儿又一起"吧唧吧唧"吃东西,还一起"哎哟哎哟"模仿肚子疼,最后再披着围巾学蝴蝶绕着房间飞啊飞,满屋都能听到浩浩清脆的笑声,浩浩的喜好就这样表现了出来。后来我又给孩子买了很多互动式的绘本,如《谁藏起来了》《会说话的手》《点点点》《跟着线走》等,每天雷打不动的"晚讲"就这样开始了,浩浩已经从开始说话的磕磕绊绊到现在口齿十分伶俐了。不过,一段时间后新的问题又出现了。浩浩对《点点点》《好饿的毛毛虫》等绘本百看不厌,却对其他绘本弃若敝屣,就算我刻意拿出其他的绘本,浩浩也会马上放回书架,这让我很发愁。

浩浩要上幼儿园了,我们参加了幼儿园开展的入园前周末故事会,就是给孩子讲绘本故事。上课的都是孩子本班的老师,老师和孩子可以提前熟悉,克服入园焦虑,这让我们放心不少。我和孩子一起听了十天课,亲眼看到胡老师给孩子们讲故事、做手工、玩游戏、跳舞……心里越来越踏实。胡老师讲绘本《肥皂泡泡》的时候,带着孩子们一起制作泡泡水,用家长制作的吹泡泡工具(铁丝拧环后毛线缠绕)吹泡泡;讲绘本《从头动到脚》,让孩子跟着音乐翩翩起舞;讲绘本《汤姆上幼儿园》,老师带着孩子们参观幼儿园,介绍幼儿园的环境……看着浩浩喜出望外的小脸,我知道了,要让孩子喜欢上,就是把绘本"玩"起来,这样才能激发孩子的兴趣。

道理是明白了,可是怎么做呢?我特别请教了胡老师。胡老师说:每一本绘本,都有孩子的兴趣点,我们只要找准了,就能够吸引孩子。如绘本《我的连衣裙》,可以和孩子一起装饰连衣裙;绘本《首先有一个苹果》,可以和孩子一起数数;绘本《小黄和小蓝》,可以和孩子一起玩色彩游戏；等等。如果再加上语气、情绪等不同的变化，还能让孩子产生共鸣，如绘本《鳄鱼怕怕　牙医怕怕》，鳄鱼和牙医都很怕，讲的时候也要用怕怕的语气；绘本《憋不住，憋不住，快要憋不住了》，讲的时候要加上憋不住要上厕所又总是不能上厕所的情绪和语气；绘本《好饿的小蛇》，讲的时候要善于运用停顿，在孩子非常想知道小蛇下一个吃的是什么的时候停顿一下，把孩子的期待值拔高，然后再往下讲，这时候孩子的注意力会高度集中……老师的一番话真是让我茅塞顿开，原来讲故事还有这么多的"花样"。

　　我也知道，这不是一天两天就能够学会的，需要我们不断摸索、尝试、学习。但是听老师介绍了这几本书，我就急不可待地付诸行动了。这次我讲的是《好饿的小蛇》，在讲到"好饿的小蛇扭来扭去在散步……他发现了一个圆圆的苹果，你猜猜，好饿的小蛇会怎么样"时，浩浩小脸通红，一蹦一跳地说："啊呜一口吃掉它、咬一口、带回家……"我很惊喜他的反应："好饿的小蛇到底会怎么样呢？我们赶快来看一看吧？"孩子果然很期待，眼睛随着翻页转动，看自己猜得对不对。"哦！我猜对了！"看到自己猜对了，他顿时心花怒放，喜上眉梢，两只眼睛眯得像两个小小的月牙儿。讲到第五天的时候，孩子仿佛发现了新大陆，惊奇地跟我说："妈妈快看，小蛇的肚子变成菠萝样子了。"这是故事中文字没有讲到的部分，是孩子自己发现的，我赶紧肯定他的发现，浩浩咧开了嘴，满眼的小得意。在讲到"第六天，好饿的小蛇扭来扭去又在散步……这回，他发现了一棵结满红苹果的树。你猜猜，好饿的小蛇会怎么样"时，我停顿了很长的时间，让浩浩去尽情猜想。浩浩说："会爬上树吃掉苹果！"这是这本绘本的高潮，要放慢节奏，"张——开——大——嘴——"，浩浩的嘴也不由自主地张开，注意力高度集中，在讲到"还是、咕嘟"的时候，浩浩不由自主地"啊——"了一声，意想不到的画面，好饿的小蛇一口吞掉了一整棵苹果树。这次的绘本亲子共读无疑是成功了。对于这个故事，浩浩异常喜爱，又缠着我讲了好几遍，而我的讲述也越来越熟练，越来越自然。直到无意间，浩浩发现了绘本扉页的秘密。第一个扉页还有那棵苹果树，最后的扉页那棵苹果树消失了，变成了留有齿痕的树桩。这都是绘本中隐藏的小惊喜，等待我们去发现。浩浩就发现了，那小表情神气十足。后来，我又陆陆续续给他讲了《小黄和小蓝》《首先有一个苹果》《憋不住，憋不住，快要憋不住了》等绘本，孩子都很喜欢，效果也很显著。

讲故事很简单，只要家长读、孩子听就好。但是讲"好"故事却很难，需要我们家长不断提升自己的理解力和表达力。不同的绘本有不同的讲述方法，要根据孩子的兴趣点去设计，这样才会事半功倍。胡老师给我介绍了适合家长读的书籍，有小雨姐姐的《怎样给孩子讲故事》《绘本之力》《幸福的种子》《创意玩绘本》《好绘本如何好》等，我已看过大部分，力求和孩子一起阅读、一起进步。

就这样，一天一天坚持下来，阅读已经成为我们每天的习惯，也成为浩浩最开心的时刻。我们还有了属于我们共同的精神密码：说到"苹果、毛毛虫"，我和浩浩会不由自主对视一眼，眼神里是只有我们能懂的光彩；吃饭的时候，孩子会学《好饿的小蛇》里的小蛇张大嘴巴，大吃一口饭说"啊呜，真好吃"；上厕所的时候，他会说"憋不住了，憋不住了，快要憋不住了"，然后赶快跑进厕所……故事不仅潜移默化地影响着浩浩，使他越来越好，也为我们的生活增添了很多的趣味和幸福。

培养好习惯

上了幼儿园一段时间后,我从老师分享的照片里发现,浩浩会叠衣服、叠被子、擦桌子、收拾玩具了,他的小脸上满是兴奋和认真,这真让人欣慰。

我还清楚地记得自己满脸惊讶地说:"我的天啊,这是真的吗?"耳边又浮现出自己气急败坏夹杂着浩浩"呜呜"的声音:"刘浩然,你又乱丢玩具,给我收拾好!""刘浩然,我们说好不买玩具的!""刘浩然,把你的衣服放好。""刘浩然……"当时想到这里,我不由得心里一紧。第二天,送孩子上幼儿园时我赶紧向老师请教。胡老师告诉我,还是要借助绘本故事的帮助来培养孩子良好的习惯,比方说读绘本《美丽星期五》,就和爸爸来个约定,每周都有一段和爸爸相处的美好时光,也可以和孩子有一个美好的约定,一家人一起遵守。老师还推荐了很多适合的绘本:《图书馆狮子》《阿立会穿裤子了》《是谁嗯嗯在我的头上》等。当时我脑子里就灵光一闪:我也可以和孩子来一个美丽的约定啊,正好借机制订《家庭公约》。于是我赶紧和爸爸商量并达成一致意见。我们还约定好,自己要以身作则,一定要和孩子一起遵守约定,做到说话算话,只要答应孩子的事一定要做到。

心动不如行动,当天我们就一起共读了绘本《美丽星期五》。读完后我问浩浩:"你和爸爸有什么美好的回忆吗?"浩浩歪头想了想说:"我和爸爸一起读故事,还一起跑步呢!"说着就咧开了嘴,爸爸听着笑开了花。"那和妈妈呢?"小小的嫉妒在我心里一蹦一跳的。浩浩突然抱住我说:"和妈妈做的可多了,我们会一起读故事、去公园和游乐园玩、一起聊天……"浩浩的小嘴说个不停,让我瞬间感觉心里有一股暖流涌上来。我问他:"想要一个属于自己的'美丽星期五'吗?""嗯嗯嗯!"浩浩头点得十分欢快。"那我们要说好,约定好的事要说到做到哦!""好的!拉钩上吊一百年不许变!"

  趁着故事热度不减,当晚我们就召开了一次家庭会议,会议的内容就是"制订《家庭公约》"。那夜皓月当空,我们全家一起在桌旁正襟危坐。浩浩的眼睛炯炯有神,又好奇又期待。"今天是我们全家第一次家庭会议,每个人都要发表意见,就是商量一下制订《家庭公约》,让我们的家变得越来越好,制订好的公约我们每个人都要遵守,否则就要受到惩罚。"爸爸话音未落,浩浩就高高地举起了小手:"我先说,每个星期五爸爸妈妈要一起给我讲故事。"我和他爸爸都快速点头同意。"说话要算话啊!"浩浩再一次强调。"好,说话算话!"爸爸给了浩浩一个坚定的眼神。接下来是我说:"每个人都要做家务,浩浩最小,也要做。"这明显是针对浩浩说的。浩浩小脑袋一歪,满脸问号:"我能做什么呢?""扫扫地、收拾自己的玩具、摆碗筷、叠衣服,等等。"我说。此刻,浩浩五官都皱在了一起:"我自己吗?我不会啊!"我赶紧鼓励他:"没关系的,妈妈会和你一起。"浩浩似乎犹豫了一下,还是点了点头。"然后呢,"我又补充道,"我们每个人要说话算话、说到做到。"全家都表示同意。接下来是爸爸发言:"不能随便打断别人说话,说话要看着对方的眼睛。"全家都同意。"我还有,"浩浩紧皱眉头,小脸上满是认真地说,"爸爸妈妈不要总玩手机。"这句话可以说是直击要害。我和爸爸不由对视一眼,都从各自的眼中看到惊讶和心虚,但我们还是赶紧表态:"好的,爸爸妈妈答应你,除了工作不玩手机。"浩浩满意地笑了。

  虽然这次家庭会议我们没定几条家规,却是一个美好的开始,我们每个人都有所收获。我和爸爸也一直严格执行，同时也非常注意尊重孩子的意见。

  接下来的日子里，我和爸爸不玩手机了，我们一起做家务。只要浩浩跟我说话，我都会停下手中的事情认真听他讲。慢慢地，浩浩会自己收拾自己的房间，会和家人一起看书，还会给我们讲故事，遇到问题我们就召开家庭会议商讨解决方案。一切都井然有序……只是，这些都不过是我以为的井然有序……

  直到有一天，我对浩浩说："宝贝，妈妈明天带你去玩儿吧？"浩浩瞪大了眼睛，惊喜仿佛都要溢出来了："好啊好啊！""那你想去哪儿玩儿？"带孩子出去玩之前，我都会和孩子商量去哪里。浩浩小眼睛一转："去游乐场，买玩具！"我的眉头一皱："去游乐场可以，不能买玩具，妈妈刚给你买了那辆白色的小汽车，不能再买了。"浩浩满脸不情愿地说："好吧！"我表示满意："说话要算话啊！"可是经过卖玩具的地方，浩浩瞬间撒欢，没一会儿就抱住一个玩具不撒手了："妈妈、妈妈！我想要这个！""不行！我们说好的，今天不买玩具。"我的眼睛忍不住瞥向别处。"妈——妈——"声音拐着弯，浩浩往我身上蹭了蹭，我紧抿嘴角："不行就是不行！""哇……"满商场都能听到刺耳声猛地传来："我就要！哇……"任由我们怎么劝都不听，浩浩哭得就差满地打滚了。我庆幸自己还有理智，黑着脸抱起他就往家走，浩浩仿佛被吓到了，但还是心有不甘地小声呜咽着。到了家以后，他也不哭了，但还是满脸不开心。我让他站在我的面前，看着他的眼睛，严肃地说："刘浩然，你听着，我们原来说好的，今天不买玩具，说话就要算话，如果你说话不算话，妈妈也说话不算话，我们的约定就没用了，你听懂了吗？"浩浩从我的眼睛里看到了坚定，他也努力平复自己:"那以后也不买了吗?"原来他关心的是这个。"不是啊,过段时间还会买,但不是现在。"浩浩低下头说:"好吧!"从那以后再去玩具店,只要提前说好不买玩具,他就算不开心也不说什么了。后来,他竟然还找到了自己的小乐趣:"妈妈,我不买玩具,能看看玩具吗?""当然可以。"浩浩马上就高兴起来,去看玩具了。

从此以后,只要浩浩出现答应后不去做的事情,我便说:"如果你说话不算数,那妈妈也说话不算数。"他就会立刻去做了。这句话已经深入他的骨子里。在这个过程中,我也不断强化浩浩的好习惯,通过《犟龟》《胡萝卜种子》《鼹鼠的音乐》等绘本,汲取坚持的力量,帮助他建立自信心,坚定自己坚守信念的决心。

现在,只要我们和浩浩一起做好计划,他都能够按时完成。我们也知道,再坚固的防线也可能会被外界诱惑的冲击而松动,虽然未来可能还会有很多问题出现,我们所能做的就是不断关注孩子的状态,坚守共同的约定,及时发现问题并解决问题,鼓励孩子不忘初心。我们有信心能够和孩子一起学习,一起进步,一起成长。

面临过的困难

不记得有多少次感到很不耐烦。这是正常的,工作一天回到家,突然一个或者两个小魔头出现在眼前,疲惫感瞬间袭来,但是我们一定要记住一句话:生活是需要经营的,阅读生活应该是快乐的,不要把不好的情绪带给孩子(就算你不说,孩子也能感受到)。我们要这么做:一是换位思考,算一算我们每天的有效陪伴是多长时间。我算了算,不会超过两个小时。二是自我调整,情绪需要纾解,和孩子分享绘本《让我安静五分钟》,让孩子学会体谅妈妈的辛苦。如果真的情绪崩溃，请守住最后的理智，找一个独立的空间去发泄，一定不要说或者做让自己后悔的事情。

要学会对孩子说不。孩子会不断挑战我们的底线，在我一次次的妥协中变本加厉，我们一定要对孩子说不，特别是和孩子约定好的事，一定要坚定并坚持，如果存在不合理可以全家商量更改，但是不允许单方面不遵守，我们一定要守住底线。

方法不是固定的。每个孩子都是独一无二的，所以用的方法也是不同的。我们要不断尝试找出独属于孩子又适合孩子的最好的方法。

我们要在过程中挖掘孩子的点滴进步。阅读不是立竿见影的，也许很长时间才能显现效果。但是，在潜移默化中，孩子的一些很微小的变化还是能够显现的。

最后，坚持即真理。说起来容易，做起来难，但是再难也要做。关心一下国家的大教育方向，你会发现阅读的重要性，我们要为了孩子长远的发展而坚持。

老师评价说："这是一本绘本引发的故事，一本绘本不仅激发了孩子的阅读兴趣，还引发了一趟家庭的阅读之旅。"的确，面对每天都在不断变化的孩子，我们借助阅读学习成长，让自己每一天都能有所进步。

点评：

生活需要发现，生活更需要创造。一个家庭的幸福，会有无数种可能，而一本恰好出现的精彩图书，一定会给全家人带来成长、希望以及更隽永的幸福体验。

阅读小贴士

1. 是否对爸爸没有一起参与而烦恼？当着爸爸的面给孩子讲一讲《我爸爸》，让绘本《我爸爸》联系自己的爸爸，孩子崇拜而期待的眼神会让爸爸主动参与。

2. 绘本怎样玩起来？如绘本《我爸爸》，在讲到"我爸爸像大猩猩一样强壮"时，可以让孩子和爸爸玩"举高高"的游戏，孩子一定会更加喜欢绘本和亲子共读。这样的方法也可以用在孩子不喜欢的绘本上。

推荐书单

《好饿的毛毛虫》《会说话的手》《肚子里有个火车站》《是谁嗯嗯在我的头上》《犟龟》《大脚丫跳芭蕾》

阅读助力幼小衔接

邢台市信都区幼儿园　尹子豪妈妈　许靖

一转眼,豪豪三年的幼儿园生活已接近尾声,回想这三年的收获,那就是:在陪伴孩子成长的过程中,我们父母从不缺席,一直在一起!

爱上阅读

初为人父母的我们,毫无准备就"上岗"了,除了对孩子的无限关心和爱,没有找到其他更有价值的陪伴方式。

幸运的是,在2015年孩子入园的时候,正赶上信都区幼儿园全园开展"发现绘本之美"绘本阅读活动。园领导为了把阅读的这把火迅速燃烧起来,经常邀请家长参加学习,听绘本作家讲解创作的精髓或听专家分享亲子共读经验,我们的家庭自然就成了受益者之一。

在孩子入园后的一段时间里,每天晚上,儿子总是找一本或多本书,坐在我们身边开始美好的共读之旅,渐渐地,阅读成了我们家庭成员的共同爱好。

记得我和孩子一起共读《猜猜我有多爱你》时,一起和孩子表演其中的大兔子和小兔子。他慢慢把两只手臂张开,对我说:"妈妈,我爱你,有这么多,这么多!"我笑着对他说:"你看,妈妈也爱你有这么多,这么多!""哇,妈妈的手真长。""妈妈的爱有这么多,你来想一想还可以用我们身边的哪些东西表达对妈妈的爱呢?"我用手指着餐桌上的苹果。他立刻说道:"苹果有多红,我就有多爱你。""哇,你好厉害,能用苹果的颜色来表达对妈妈的爱。""还有妈妈,房子有多大,我就有多爱你……"就这样,我们笑着,孩子说着,大家一起想象着,整个家庭沉浸在无比温馨、快乐的氛围中。

一眨眼孩子升到了大班,我们阅读的书目更多了,内容也更广泛了。我们共读幽默的《鸭子骑车记》、风趣的《谁咬了我的大饼》、可爱的《不一样的卡梅拉》《青蛙弗洛格的成长故事》等。每天读一章,有时候应孩子要求,读两章甚至更多。

当读到与孩子产生共鸣的地方,孩子会把故事中的情景表演出来。例如,当我讲到"终于,噗!大鼻子钻进了阳光里,他发现自己在一片大草甸上,于是在温暖的草上打了个滚……"的时候,豪豪"咯咯咯"的笑声已止不住了,嘴里还不断嘟囔着:"抓呀,刨呀,抠呀,我要上去喽,我要上去喽!"读完后还意犹未尽地说:"这本书真好玩,妈妈,你再给我读读,可不可以今晚上再多读一章?"看他可怜巴巴、毫无睡意的眼睛望着我,真是不忍心拒绝。

<h3 style="text-align:center">阅读滋润生活</h3>

"妈妈,我又赢了奶奶了!"不用看就知道,祖孙俩正下象棋呢!

"奶奶故意输给你的吧!你认识字吗?小屁孩还会下象棋?"我故作不屑地说。

"豪豪认的字还不少嘞!"奶奶立刻反驳我,然后很自豪地对我解释道,"有一次接他放学,孩子看到墙上的标语,就念出了'撸起袖

（chōu）子加油干（gān）'，还问我这是什么意思？我说这不是'撸起袖（chōu）子加油干（gān）'，是'撸起袖（xiù）子加油干（gàn）'。"虽然类似的笑话闹了不少，但是孩子确实识字量大了，对阅读也产生了极大的兴趣。

那天我带着老大和老二去小区公园玩儿，那时老二还小，坐在小车里盯着哥哥拍篮球。

"妈妈，我能拍到100个。"豪豪自豪地说。"我不信。"我故意激了他一下。"就像我们读过的《100层的房子》，我都能数对，"孩子自信地回答，"1、2、3……55、56……98、99、100。"豪豪熟练地边拍球边轻松地数到了100。

"豪豪真棒！"我给他加油鼓劲，其他小朋友也围了过来，给他拍手叫好。不知道是拍球巩固了他阅读学会的数数，还是数数鼓励了他拍球的行动，总之，孩子这种螺旋上升的成长状态，不断提升着他的自信心。

每周末我们都会带孩子到小区的图书馆。通常会选择一起步行到达图书馆。有时孩子会抱怨："妈妈，这个图书馆太远了，我走不动了，我更喜欢那个大的新华书店。"豪豪略带疲惫地说。

"我也觉得有点儿远，那下次咱们还去新华书店，去大的图书馆。"我对他的说法表示认同。"外加一碗牛肉面！"豪豪大声说。"好啊，这就叫'好书+美味'！"我们两个拍手击掌。后来我发现，他从没有因为路远辛苦说不去，而是和我建立了新的约定，孩子也因此有了新的阅读期盼与动力。

阅读的力量

不知不觉豪豪该上小学了，在幼儿园期间奠定的阅读基础，为豪豪顺利进入小学做足了精神和认知方面的准备。之前，他读了培养幼儿喜欢学习环境的《幼儿园的一天》《汤姆上幼儿园了》《爱上幼儿园》等绘本；还有培养孩子社交能力的《我有友情要出租》《最好的朋友》《你真好》《胆小鬼威利》等绘本；有帮助认识数字、培养数学兴趣的《100层的房子》《数字在哪里》《首先有一个苹果》等，还有培养自立能力的、时间管理能力的，以及学习照顾兄弟姐妹、关爱小动物的，等等，应有尽有。

此时，孩子阅读的书籍已经在200本以上，阅读量在40万字以上，识字量在1000字左右，常规汉字85%都认识。孩子能够顺畅完成幼小衔接的关键过渡，我们要衷心地感谢阅读，感谢我们幼儿园的老师和领导，感谢幼儿园邀请阅读专家老师给我们分享最科学、最优质的阅读理念！

根深才能叶茂，生活是教育最好的营养，早期阅读生活更是孩子成长路上的"高级"营养！我们父母要做好孩子人生路上的陪伴者和引导者，静静等待孩子生命之树生长、开花、结果。

（指导教师：刘书红）

点评：

通过阅读，可以帮助孩子从书中获得精神和认知方面的准备，可以帮助孩子平稳度过幼小衔接的关键时期，同时可以丰富孩子的智力背景，为他们以后的学习奠定坚实的基础。

阅读小贴士

1. 你每天晚上陪伴孩子读书吗？
2. 周末有没有坚持陪孩子去图书馆？
3. 试着和孩子一起制订一份阅读计划表。

推荐书单

《大卫上学去》《青蛙弗洛格的成长故事》《勇敢的克兰西》《爷爷一定有办法》《烦人的兔子》《迟到的理由》

阅读打败情绪小怪兽

邢台市信都区幼儿园　相伯玉妈妈　胡曲花

儿子逐渐长大，有了自己的想法，有时会无缘无故地闹情绪，遇到困难会发脾气。比如东西放不进钱包，试了几次后就会哭哭啼啼，然后扔掉，甚至躺地上打滚。他喜欢玩情景游戏，还喜欢跟爸爸妈妈比赛做一些事情，但他总是想赢，想当第一，如果输了就会很委屈，会大吼大叫地哭个不停。孩子上幼儿园后，这些情况还是时有发生，我和老师沟通了这个问题。老师说："孩子到了执拗期，坏情绪就像怪兽一样难以控制。家长无论是发火、说理，效果都不会太好。此时最好就是倾听孩子，平静地等他发完脾气，你可以试试用绘本帮孩子打败情绪怪兽。"老师推荐我陪孩子阅读绘本《我变成一只喷火龙了!》。

情绪怪兽出没

有一次带孩子从超市回家的路上，碰到一个推销员大姐，她的手上拿着一盒恐龙模型套装，介绍一套网上课程，只要购买课程就可以送玩具。儿子看着玩具，不愿意走了，强烈要求我买下玩具。我告诉他，家里恐龙玩具已经很多了，不可以再买了。被我拒绝后，儿子开始号啕大哭，嘴里一直喊着："我不，我就要买！"被批评了一顿后，他还是心不甘情不愿地跟着我一路哭回家。电梯里人很多,而他依然一边嘴巴念叨着"我要玩具",一边又大哭不止。此时的我实在觉得很难堪,好想离他远远的,假装不认识。回到家后,我想责骂并惩罚他一顿,让他知道我是多么失望,但我忍住了,我告诉自己要冷静冷静。

吃完晚饭后,我和孩子依偎在沙发上共读了老师推荐的这本《我变成一只喷火龙了!》,边读边讨论。"你生气的时候是怎么表现的?""我有时候会哭,有时候也会大喊大叫。""你知道,一只怪兽会喷火,有多么不方便吗?""他的汉堡包变成烧焦的炭堡包,他会烧焦牙刷,不能刷牙了,玩具也被烧焦了。""你生气时是被传染了喷火病吗?""嗯!好像是,我也快变成喷火龙了。"他低头玩弄衣服,脸有点红了。依照老师的建议,每当他遇到不如意的事情,或者感觉他控制不住自己情绪的时候,我就会问他:"你是想变成一只喷火龙吗?"孩子就会联想起这个故事,自觉说出"喷火病"的危害,表示自己不想变成一只喷火龙。"那我们怎么灭火呢?""那我们就用微笑来灭火吧!"慢慢地,孩子明白了不能随便发脾气,否则不仅自己难受,别人也会遭殃的道理,他也逐渐掌握了"又哭又笑,大火灭掉"的灭火超能力。

打败情绪小怪兽

我们家的早晨总是非常忙乱,场面往往是这样的:"孩子,起床好不好?""这是我最后一次喊你了。""我怎么知道你的东西放在哪儿了?""你怎么还没穿好衣服呀?马上就要迟到了!""我不想……哇哇哇……"这一幕几乎每天早上都会在家里上演。老公提醒我说:"你正在把孩子训练得越来越不负责任。正是因为你不断地提醒,所以对每一件原本该他做的事,他都认为应该是妈妈负责。"想一想,确实如此。

再到周末去童书馆上绘本课,我不再一直催促他,而是问他:"你是想现在马上走呢,还是等一会儿?"结果,那天我们真的错过了公交车,我拒绝了他打出租车的建议,平静地等待下一趟车。他终于忍不住抽泣起来:"我要迟到了,怎么办呀?"我扭头不看他,他也不理睬我。

童书馆里的亲子时刻

上完课后,他把头扭到一边不看我,虽然没有哭闹,但是明显看得出来不开心。我一扭头,恰好看到了书架上《我的情绪小怪兽》这本书,心里有了主意。我拿出这本书,坐在角落的凳子上叫他:"妈妈给你讲一个故事,你想听吗?"他马上扭过头来,眼睛里闪烁着的小星星好像还在诉说自己的委屈。我说:"你知道吗,我们每个人的身体里都住着一个情绪小怪兽。"儿子慢慢靠在我的身上仔细听起故事来。讲完故事后,我说:"你发脾气时,那个愤怒小怪兽就会变多,然后还会'啊呜、啊呜'把你的快乐小怪兽吃掉,你就会变得非常不开心,如果不赶跑坏情绪小怪兽的话,所有人都会因此而烦恼。"儿子说:"那我们想办法把坏情绪小怪兽关起来,不让他出现,然后只剩下开心小怪兽就会让我们很快乐。"我趁机和他一起讨论了怎么才能把坏情绪关起来,最后我们一致决定用密封的玻璃瓶。

回家路上,我们一起挑选了几个密封玻璃瓶。回到家后,儿子用黑色记号笔在纸条上把坏情绪写出来,在上面打一个大大的叉号后密封进了玻璃瓶里。儿子抱住我的胳膊道:"哇!这个办法太棒了!"我告诉他控制不住自己想发脾气时,就画出来装到瓶子里,也可以告诉爸爸妈妈,我们帮你一起打败坏情绪小怪兽。

如何处理孩子的情绪,是现在的父母需要特别学习的一门功课。通过老师推荐和网络搜索,我还研读了绘本《菲菲生气了》。故事中的菲菲先是以肢体动作表达愤怒,进而躲进自己的世界宣泄悲伤,然后又渐渐缓和并最终恢复了平静。但3岁的孩子还太小,有时不能及时认识到自己情绪的变化。所以,当他情绪激动时,我就把他带回自己的卧室,抱在腿上给他读几分钟的书,然后再带他出来;如果他一直发脾气停不下来,我就静静地坐在他的小床边让他发泄,当他终于安静下来时,再问他"抱抱好不好";有时候我会让他选择"你想要自己去你的房间,还是要妈妈陪你一起,直到你感觉好起来",等等。一段时间后,他已经很熟悉这一套"程序"了。当他需要时间冷静时,便会回到自己的房间去摆弄情绪瓶,或者主动要求妈妈跟他一起去。渐渐地，他自己管理情绪的效果越来越好，我也在这个过程中掌握了引导孩子管理情绪的方法。

已经说过晚安了

这天晚上，我和孩子一起读绘本故事《已经说过晚安了》。这是一个很有趣的故事，讲的是一只大熊在和它的邻居鸭子道过晚安之后，想安静地睡觉，但鸭子以各种理由不停地骚扰它，使它无法入睡，它只得一遍又一遍地说："已经说过晚安了。"故事的最后，原本困得睁不开眼的大熊被折腾得睡意全无，而不想睡觉的鸭子却歪在沙发上睡着了。故事讲完了，孩子还意犹未尽，我和他洗漱完之后对他说："晚安，睡吧，宝贝。"孩子却说："妈妈，我可以再去玩会儿吗？"我立刻意识到他还在想着刚才的故事，就说："不行，已经说过晚安了。"他又说："那可以唱会儿歌吗？"我温和而坚定地说："不行，已经说过晚安了。"他又说："那可以……"不等他说完，我就模仿大熊的语气说道："不行，已经说过晚安了！"我们俩都情不自禁地哈哈大笑起来。故事由书中延伸到了书外，温馨而有原则的处理方式在我们的生活中真实再现，儿子竟然没有因为我拒绝他的要求而发脾气，还有什么比这更令人高兴的呢？

孩子需要阅读，就像花儿需要阳光、鱼儿需要水一样。桐宝，这个只有四岁半的孩子，就这样在与绘本相伴的日子里，变得越来越让人省心了。伴随他的成长，我也在不断成长，一切都正在变得越来越美好。

情绪类绘本推荐

　　大部分针对儿童情绪类的绘本，都有一个非常清晰的框架：首先，故事一开始都会出现一个"爱生气"的小孩，他总会因为各种原因生气。比如妈妈让他去洗澡、不让他看电视、他的饼干碎了、被蚊子叮了个包，甚至收到女孩子的情书都会成为他生气的理由。可以看出，绘本里那些古灵精怪甚至让人捧腹大笑的生气原因，都是有迹可循的，甚至反映出了孩子内心的真实感受，孩子很容易和故事产生共鸣。他们会由故事联想到与自己相关的生活经验，比如，发现原来其他小朋友被妈妈呵斥也会生气，从而了解生气是自然而然发生的，是被允许的。接着，就会看见小主人公生气时是一幅怎样的画面。再比如，《生气王子》中的王子生气时会瞪着眼，会涨红脸，会大吼大叫，还会像喷火龙一样喷火……这么夸张的形象能更直接地让孩子看见，人在生气时的表情是怎样的，肢体又会做出什么反应，大脑会产生什么想法，以及内心催生出的想象画面等都能一清二楚地通过绘画表现出来。这样把抽象的"情绪"概念具象化，使孩子特别容易理解，这些对孩子认知、定义和管理生气情绪都非常必要。看完他们生气的表现之后，故事紧接着就会带出应对或调节情绪的策略，也就是方法论上场了。其实这部分也特别好玩，我们会看到有些小朋友打算把他的火气藏在内裤里；或者和妈妈一起煮一锅神奇的生气汤；还有欢唱一曲不生气魔法歌；或者想象自己去了野兽国当了一回国王……最后，所有人的坏情绪不知不觉间都慢慢地消失了，人也平静下来甚至开心起来了。

　　情绪管理是一种需要长期培养的能力，想要提升这种能力，除了靠孩子自己，家长也要陪伴孩子一起多体验、多试错，多积累正面经验,帮助其更好地成为自己情绪的主人。通过绘本阅读来帮助孩子学会管理情绪,解决情绪问题,已经被反复证明是一种非常好的办法。例如《我的感觉》《脸,脸,各种各样的脸》《你感觉怎么样?》《我的情绪小怪兽》等综合类的情绪绘本,不仅能让宝宝了解到什么是情绪,还能认识各种各样的情绪表现,从中学会分辨甚至定义"生气"等不同情绪表现,为后面表达和控制坏情绪打好基础。而《生气汤》《生气王子》《把坏脾气收起来》《我变成一只喷火龙了!》《赶走发脾气牛》《杰瑞的冷静太空》《妈妈,我真的很生气》《我的大喊大叫的一天!》等绘本都给出许多好玩又有用的策略,适合父母用以引导孩子正确疏导坏情绪。而像《菲菲生气了》《最好的陪伴》《生气的亚瑟》《野兽国》等故事,侧重于讲述小朋友自己实现"转念",能自行安全地处理生气甚至愤怒的情绪,对小朋友学习自主控制情绪非常有启发意义。

点评:

孩子的情绪管理问题一直是父母们最头疼的事,借助情绪类绘本,父母和孩子一起进行角色扮演,不仅能够很好地告诉孩子情绪到底是什么,情绪从哪里来,如何控制不良情绪,等等,还能帮助孩子提升情绪管理能力,帮助父母认识自己的情绪并更好地管理自己的情绪。后面的"阅读小贴士"针对不同的情绪问题推荐了不同的绘本,分类比较细致,对读者朋友很有帮助。

阅读小贴士

1. 共读后，可以把故事里的角色变成孩子的名字，让孩子成为主角，和故事产生共鸣，真切地感受情绪，进而处理不好的情绪。

2. 讲故事的过程中，发掘孩子的兴趣点，还可以延伸到美工、体育、科学等领域，让阅读帮我们解决生活中的问题。

推荐书单

《我的情绪小怪兽》《生气汤》《我变成一只喷火龙了!》《菲菲生气了》《生气的亚瑟》《野兽国》

在阅读中学整理

邢台市信都区幼儿园　贾博宇妈妈　杨晓梅

"丁零零，丁零零……"手机响了，我一看是刘老师的电话，心里顿时一阵恐慌，我这个调皮的娃又惹事了？怀着忐忑的心情按下手机接听键："喂，您好，刘老师，我是贾博宇的妈妈。""您好，博宇妈妈，放学接孩子时，我想跟您谈一谈关于孩子的事情，您有时间吗？""好的，刘老师，我有空，放学就过去。"挂了电话之后，我心里就开始犯嘀咕，到底是发生什么事了呢？脑海里随机"播放"出可能发生的种种画面……让我不敢再想下去。放学时间到了，我随着接孩子的家长队伍走进幼儿园，老远就看见刘老师站在活动室门口迎接着家长。我接上孩子，不安地等待着刘老师安排的谈话。刘老师示意我等一会儿，送完其他孩子之后，她转过头微笑着拉起我的手，边走边说："孩子今天区域活动时表现很好，他在最后帮助小朋友整理玩具，进行分类，还把玩具箱整齐地摆放好。"听了老师的话，我心里的那块石头终于落了地，回想孩子之前收拾玩具时哭闹、发脾气、大喊的情景，联系刘老师今天说的孩子的变化，心里很是欣慰……

整理，从阅读绘本中开始

"田田，怎么地上都是你的玩具？赶快收拾好！"客厅里几乎每天都会传出我几近崩溃的呐喊,"你能不能赶快收拾,弄得屋里乱死啦!"我继续唠叨着。孩子看到我发怒生气的表情,哭着哀求我说:"妈妈,我不会,我不会……""我不是跟你说过吗?玩具要放到固定的地方,从哪里拿的要放到哪里,赶紧收拾!"我的语气还是那样严厉,但无数次唠叨的结果都以失败告终。最后,我不得不跟在他后面收拾,而他还是该玩的玩,该丢的丢,感觉和自己没一点儿关系。

有一次,我陪他玩玩具,在准备吃饭时,我提醒他:"把玩具收拾好,我们要吃饭了。"他随口就说:"让奶奶收拾吧,我不收拾。"我于是耐着性子开始跟他讲道理:"自己的事情你得自己做,你已经上幼儿园了。"他就很不情愿地将玩具扔到箱子里,一边扔一边发脾气,还哭着说:"我不会,我不会收拾。"奶奶看着孙子心疼地说:"孩子还小,不会收拾。"然后又开始包办起来……

实在没办法了,我只好向刘老师求助,希望找到一些方法和建议,帮我解决孩子的问题。"刘老师,孩子在家虽然每次能勉强收拾玩具,但总是不情愿,甚至会乱发脾气或者带着抱怨的情绪,我怎么说他也不听,可怎么办呢?"刘老师说:"孩子现在还没有养成良好的整理习惯,一个好习惯的形成需要比较长的时间,你可以先从绘本故事入手。孩子在幼儿园,我们也经常和孩子分享好的绘本,让孩子通过绘本里主人公的角色经历,潜移默化地建立起内在秩序以及养成良好的习惯,长此以往他们便会主动自觉地遵守,孩子可以通过阅读绘本故事,从中懂得一些道理,也可以明白什么事可以做,什么事不可以做,做了会有什么样的结果,有时单靠大人说教效果是不明显的。"

我虚心听取了刘老师的建议后,回家的第一件事就是同孩子一起搜集"学习整理"的相关绘本。因为自己从来没有听说过,也没有看过,所以绘本激发了我很大的兴趣。我和孩子一起从网上搜索,让孩子自己挑选书目。绘本买回来以后，我和孩子一起读起来。读的第一本绘本是"小不点好习惯魔法动动书"系列里的《整理玩具》。读完这本故事书，我和孩子聊了起来："田田，故事中的小不点和龙妹妹在房间里畅玩的时候，看看两个人造成的'一团糟'场景，你来说说这两个'捣蛋鬼'都乱扔了哪些东西呢？""他们一起扮演公主和国王，搭积木，拍皮球，剪纸。""很好，田田观察得很仔细，故事中的龙爸爸，告诉它们两个什么好方法呢？"田田翻开书指着画面说："龙爸爸说，积木有积木的家，蜡笔有蜡笔的家，玩具车有玩具车的家，皮球有皮球的家。""很棒！你看小不点和龙妹妹按照龙爸爸提供的方法，很快整理好了房间。那现在看看你自己的玩具，可以把它们分为哪些类别呢？"他看了看地上的玩具说："妈妈，奥特曼一类的可以放一起，汽车一类的放一起，积木一类的放一起。""很好，分得很清楚。"根据绘本后面的建议，我和孩子一起进行了"玩一玩——送玩具回家"的游戏。之后，我和孩子还玩起了故事中的角色扮演游戏：他扮演小不点，我扮演龙妹妹，我们一起按孩子说的玩具分类把玩具们一一送回了家。就这样，我和孩子在愉快的氛围中一起将玩具分类并收拾整齐。这一刻我深深地体会到绘本的魅力、故事的魅力，整个过程中，孩子没有发脾气，也没有哭闹，反而很安静地收拾起玩具来。

快乐阅读　快乐整理

绘本让我感受到了共读的"效应"以后，我很快迷恋上了它。接下来的日子里，我又陆续找了一些相关主题的绘本。比如我们一起读了《我会收拾玩具》，帮助孩子学会故事中的整理儿歌："玩具玩具，真有趣，玩具玩具，要收拾，嗨哟嗨哟，真干净，我的玩具收拾好。"

孩子每次收拾时都要边说儿歌，边整理。同时，他还学会了故事中根据标记进行整理的方法，我陪他在房间不同的地方，贴上不同类别的小便签，比如"袜子""绘本""积木"等，根据便签上的标志，让孩子开始练习每天自己整理房间，把所有用过的东西"送回家"。每顺利完成一项，就可以获得一颗小星星，积攒到一定量的星星后，孩子就可以获得爸爸妈妈的一项奖励。

之后，每天都会听见他在整理时，边整理边说着："积木们，回家喽！衣服、袜子，你们也要回家了。"他笑着、喊着，乐此不疲地沉浸其中。后来，我们一起读了绘本《玩具太多了！》《高高兴兴做整理》《整理房间，我可以！》等，儿子从中挑选出一本，让我给他讲，他一边看图一边说："赛赛的玩具太多太多了，和我一样乱扔，他妈妈也让他整理自己的玩具。"从故事中他认识到了自己乱扔玩具的坏习惯。读了《乱扔东西的塔格叔叔》这本绘本故事，他认识到塔格叔叔发现只要把所有的东西放回原处，东西就很容易找到，生活也变得容易得多。

"蹲"下来一起陪伴孩子整理

刘老师还向我强调：家长要发挥榜样示范作用，你想让孩子成为什么样子，首先你要先做成什么样子，陪伴孩子成长很重要。刘老师的话"点醒"了我，我决定陪伴孩子一起进行共读，一起整理玩具。过去我有时候忙于工作，家务顾不上整理，孩子顾不上管，他自然就会说不会整理。而每当孩子要收拾玩具时，都是我们急于外出或准备吃饭，给孩子的时间很紧迫，让孩子觉得任务很重，从而有了抵抗心理。这个时候非常需要家长帮助孩子，和孩子一起收拾。听到这里，我忽然意识到，怪不得孩子抱怨，因为我每次要求孩子收拾的时候，自己从来没有蹲下来陪孩子一起收拾整理过，孩子的无助，孩子渴望陪伴的心理等，都没有得到及时安慰，也难怪孩子会大哭发脾气，自己想想都觉得惭愧……

在之后的一段时间，我每个周末都会收拾整理房间，每当孩子看到我收拾整理时，也喜欢上前去帮忙："妈妈，电视的遥控器在蓝色盒子里，空调、电扇的遥控器放到了白色盒子里。"先帮我把房间里的东西归类整理好。他在整理自己的玩具和房间时，我会陪着他，遇到困难需要帮助时，他会笑着说："妈妈，以后我就叫你'龙妹妹'，你就叫我'小不点'，我们这次的游戏叫'送你回家'。"说完，他自己先大笑起来……"为什么游戏叫'送你回家'呢？""因为东西很多啊，他们的家很多！我都要把它们送回去，等我长大了也像爸爸一样每天送你回家。"听完孩子的话，我心里满满的感动，眼泪也不停地在眼眶里打转。孩子不仅快乐地学会了整理，还在穿衣、刷牙、洗手、吃饭等其他方面也有了很大进步。当我再带他和妹妹出门的时候，他都会积极主动地收拾、整理妹妹的物品，还会帮助我背着小书包，提着生活垃圾，等等，真正变成了家里的整理小助手！

从孩子成长的过程中，我发现我们作为父母必须以身作则，通过绘本引导亲子互动，增加生活的趣味性，让孩子在快乐中学技能。如叶圣陶先生说："教育孩子是一场漫长的修行，我们一路同行。"相信：爱若在，花会开！

点评：

对一个只有几岁的孩子来说，遇事只讲道理是没用的，他们最重要的学习方式就是模仿。绘本阅读，不仅丰富了孩子的经验，还为他们提供了学习模仿或者借鉴自省的"镜像"，让他们通过故事模拟的生活，获得真正的成长。

阅读小贴士

1. 帮助、陪伴孩子一起整理玩具，学分类、做标记。

2. 给予适当的位置。让孩子了解自己的房间和客厅里的物品都有应该放置的位置，这样孩子记住了就可以更快地整理干净，还可以提供收纳箱、置物篮、书架等，让孩子的整理工作变得简单。

3. 使整理变得有趣。不要把整理工作搞得很严肃，在孩子整理时，播放音乐或者给一个小小的奖励，再或者一起进行有趣的游戏，让孩子感到轻松自在，开心接受整理任务。

推荐书单

《高高兴兴做整理》《整理房间，我可以！》《阿立会穿裤子了》《玩具太多了！》《乱扔东西的塔格叔叔》、"小熊宝宝系列"之《收起来》

第二章 小 学

家校共育　书香路上携手同行

邢台新教育第一实验小学书香家庭建设纪实

阅读和家庭是教育的两大基石。新教育实验发起人朱永新教授说：一个人的精神发育史，就是他的阅读史；一所书香充盈的学校浇灌出千万个书香弥漫的家庭。是啊，这是我们教育人的使命和愿景，更是我们邢台新教育第一实验小学初心不改的担当和使命！

邢台新教育第一实验小学是一所地处城乡接合部的新建学校，"日行日新"为学校的办学理念，该理念出自《礼记·大学》"苟日新，日日新，又日新"，寓意一所新学校在行动和实践中创新、革新、常新……

我校在"日行日新"办学理念的引领下，结合学校的地域特点，探索建立"三进阶+"的书香家庭建设模式，简单说就是父母、校长、专家和活动。以父母为基础、校长为引领、专家为提升，三级进阶，节点跃升。以"三进阶+"架构书香家庭成长的三维立体式上升通道。

一、以校长领读为切入点，让师友成为儿童阅读的榜样

"孩子们，今天又到了'校长正在读的书，你读了吗？'这一校长推荐书的环节了，那么这次校长推荐的绘本是《小种子》……"这是我校王翠芳校长在升旗仪式上向全校的孩子们推荐共读书。

我校开设了《校长正在读的书，你读了吗?》栏目，每半个月，校长就会向全校的孩子推荐一本书。书目会根据时令特点或学生成长特点而进行选择。比如春天到了，会推荐《雨，变成一首诗了》；冬至到了，会推荐《冬至节》。确定书目后，孩子们自由开展阅读，可以采用写一写心得体会、做一做拓展作品、画一画心中的想法等多种方式。半个月后，校长则会邀请孩子们来到学校阅览室，开一次小型聊书会，聊一聊读书的感想和收获。

这一栏目从开设到现在，从未间断，即使校长外出培训，也会提前录好推荐书的音频或视频，又或者现场视频连线给孩子们推荐书籍。2020年，因为疫情，师生无法重聚校园，但校长借助CCtalk平台，每周日晚上开展一次线上读书交流活动。活动中，孩子们围绕读书主题开展多种形式的交流活动，校长也会在交流中推荐好书，让疫情期间无法出门的孩子，在书籍的陪伴下充实居家时光。

在《校长正在读的书，你读了吗?》栏目的引领和影响下，衍生出了学生聊书会。学生聊书会同样半月一约，线上线下机动进行。活动的形式为学生领读，全员共读。值得一提的是，活动全程由高年级学生组织完成，从策划到开展，从第一期的磕磕绊绊到现在的游刃有余，无论是小主持人还是领读分享人，都因阅读而变得即知即行，德行有进。领读书目涉及梦想和自由、亲情和友情、爱国教育、公民教育、生命教育、环保教育等诸多领域，力求为学生构建完善而丰富的阅读体系，实现阅读对学生的全人教育。迄今为止，学生聊书会参与人数已达数万人次。孩子们从追随着校长开始阅读，逐渐养成了主动、自主读书的习惯。

孩子们在认真阅读

"上有所好，下必甚焉。"可见，一位爱读书的校长，其言行必然会引领学生爱上读书。一位和学生共读的校长，必然会激发学生的分享欲，并使其获得阅读的成就感。"校长荐读"活动作为学校阅读的顶层设计，成为邢台新教育第一实验小学校园中阅读的担当，以行动引领学生，构建了良好的学生阅读生态。

二、以亲子共读为抓手，让阅读和陪伴成为习惯

城乡接合部的不少家长，教育观念相对保守，对教育不够重视，也缺乏教育方法。真正有效的教育往往蕴含在生活细节和习惯当中，因此我们学校以培养日常的阅读习惯为切入点，提出"五个一"书香工程。

"五个一"书香工程，即"一张书桌、一盏明灯、一个书橱、一次图书馆、一个爱的陪伴"。前三个"一"作为硬件建设，主要提倡营造良好的学习阅读环境，在家有一张专门的书桌（不摆放杂物，干净整洁）、一盏护眼灯和一个属于自己的书橱（不必昂贵华丽，强调功能专一）。后两个"一"主要是软件提升，对家长提出了陪伴的要求："一次图书馆"指每月至少陪孩子去一次图书馆，"一个爱的陪伴"指每晚要有30分钟的亲子共读时间。

一开始，家长并没有意识到环境的重要性，觉得孩子有个能写作业的地方就行了，管他是在餐桌还是在茶几，管他旁边是蛋糕还是咸

菜。对于孩子的三心二意,家长们只会一边呵斥,一边勒令孩子专心学习。殊不知,一张小小的书桌就能解决这个让人头疼的毛病。当一年级的孩子坚持使用"一张书桌、一盏明灯、一个书橱"两个月后,就陆续有家长反映自家孩子不够专注的情况得到了很大的改善,孩子已经能坚持写作业或者读书最少20分钟了。

经过几年坚持,"五个一"书香工程从起初的学校规定,变成了很多家庭的基础配备。四年级学生王韶涵的妈妈反映,"五个一"书香工程不仅改善了学生的学习环境,更是让他们的教育观念发生了转变,亲子关系也有了很大改善。她说,以前每到周末,孩子写完作业就很无聊,要求打游戏或看电视,家长不让就发脾气,家长也不知道该怎么帮助和指导孩子安排周末时光,除了跟孩子展开拉锯战,就只能放任自流。现在好了,每到周末,孩子就会问:"妈妈,我们什么时候去图书馆?"在图书馆的两三个小时,孩子读书大人也读书,读到有趣的地方还喜欢跟自己"窃窃私语"。"一次图书馆"不仅帮助孩子养成了阅读习惯,还让母女关系变得更亲密了。

最好的家庭,有书的光芒;最好的父母,陪伴孩子读书。"五个一"书香工程让父母的陪伴更有力量、更有抓手、更有方法,让家长与孩子之间有了共同的语言密码,给家的氛围里添加了书的清香。

三、以父母讲堂为载体,让专家引领父母正确阅读

阅读是孩子持久发展的核心竞争力,父母是孩子的第一任老师,所以孩子的"根"就是父母,如果根系长好了,就会枝繁叶茂。培养好家长,就是为孩子创设一个优良的阅读生长环境。因此,我们将父母课堂作为整个阅读体系的开端与基础,以"父母讲堂"为载体,阐

明阅读尤其是亲子阅读对于儿童当下成长和未来发展的重要性，在专家引领下，教授父母正确的阅读方法，为家长们指明家庭教育的方向。

（一）讲堂简介

2019年，我校聘请国本家庭教育研究中心常务副主任蓝玫老师担任名誉校长，并成立了"蓝玫名师工作室"，由我校王翠芳校长和范伟霞老师，以及其他学校的老师袁晓燕、孟兴国、李秋、王俊芳、刘欢、卢梅英共八位核心成员组成。依托"蓝玫名师工作室"，我们创办了"青吟·新父母讲堂"。

"青吟·新父母讲堂"揭牌仪式

从2019年5月21日开讲至今，新父母讲堂团队已进行线上线下21讲。每一期由"青吟·新父母讲堂"两位核心成员开讲，每周五现场授课，每半月一期。迄今已进行了"如何进行亲子沟通""做会表达爱的父母""爱孩子就陪孩子养成一生受用的好习惯"等主题讲座，收获广大家长的好评。

蓝玫老师讲座现场

2020年，受疫情影响，"青吟·新父母线上讲堂"启动。在区教育局的指导和协助下，"青吟·新父母线上讲堂"在全区乃至全国推广开来，更多专家、名家走进"青吟·新父母线上讲堂"。中国青少年研究中心家庭教育首席专家、研究员、首都师范大学特聘教授孙云晓，国本家庭教育研究中心常务副主任蓝玫，新教育实验发起人朱永新，河北省教育厅基础教育处副处长刘殿波等先后走进线上讲堂，累计收听人数高达数万人次，影响了成千上万的家庭，每一位家庭教育人都深受裨益。

（二）实施过程

1. 确定讲堂授课主题

2019年，每一期开讲前，核心成员都会开展调研，依据家长反映出的共性问题确定讲堂主题。2020年初，我们召开"名师工作室"研讨会，对2019年新父母讲堂工作的相关问题进行了复盘和反思，在疫情时代背景下，根据家庭教育的实际和儿童发展规律与必备素质，设置了六大主题：演讲、合作、思辨、运动、阅读与写作、自我管理。核心成员选取自己擅长的主题进行授课。

2. 备课流程及要求

面对庞大的多层次的家长群体，如何才能借助新父母讲堂，使得家庭教育与时俱进且有效落地？既要上承理念又要下接地气，要确保家长"爱听想听、一听就懂、一用就会"，这并不容易。"青吟·新父母讲堂"探索出"一个故事、一份理念、一些做法"的方式，以浅显易懂的绘本故事形式带入，挖掘出绘本故事里蕴含的智慧，把蕴含其中的家庭教育理念深入浅出、潜移默化地传授给家长，这种方式更容易实现家庭教育理论和实践的融合，实现家庭教育的"知行合一，即知即行"。

核心成员根据自己授课的主题，先自主备课，挑选一本能恰如其分地体现对应教育理念的绘本。以王翠芳校长讲授的"演讲"主题为例，首先要选择"演讲"主题下自己的授课方向、目标，然后确定授课题目《如何培养孩子的表达能力，父母这样做》，根据授课目标和方向，挑选绘本。初稿形成后，上交工作室，蓝玫老师和所有核心成员针对初稿进行联合审核，大到授课方向，小到一处用词，数次研讨改稿后终成定稿，改稿期间所有的煎熬和优化，都是为了"对得起家长的信任，担得起育人的使命"。

3. 后期工作

学校将每一期的授课录制好视频，并生成视频的二维码发至班级群，以方便家长随时复习、回顾、提升。

（三）案例呈现

新父母讲堂上曾发生过这样一件事情。据班主任老师观察，二年级女生小宁的心情时好时坏，并且她的穿衣状态也很不稳定，有时干净得像个小公主，有时又邋遢得令人心疼。原来，小宁的父母最近在闹矛盾，她只好一周跟着爸爸，一周跟着妈妈，动荡不安的家庭氛围，让本就内向的小宁更是沉默寡言。为此，我们专门邀请小宁的妈妈来参与新父母讲堂，聆听专家老师的分享和身边榜样家长的暖心案例。这些都让小宁妈妈开始冷静思考，思考一个完整的家庭和亲子陪伴对孩子一生成长的重要性。当晚，小宁妈妈发微信给老师，请老师说服小宁爸爸也来参与几次新父母讲堂。考虑到"爸爸的缺席"并不是个别现象，我们特意安排了一场以爸爸为听众的专场活动。起初，小宁爸爸在现场还玩着手机游戏，甚至还接打了一个酒友的电话，但当讲堂进入互动环节的时候，一位爸爸现场分享了自己戒除手机游戏、陪伴孤独症孩子坚持阅读、坚持亲子游戏，从而让孩子变得开朗并开始融入集体时，我们特意观察了小宁爸爸，他已经把玩游戏的手停了下来，若有所思地抬起了头……当晚，我们把小宁的绘画作品拍给小宁爸爸看。小宁的作品中，妈妈眉头紧锁，小宁躲在角落泪流满面，而爸爸则躺在沙发上捧着手机……整张作品中，小宁全部用的是黑灰蓝色调。第二天，小宁爸爸主动向老师提出下次有新父母讲堂时再来参与，学校也表示，一定全力支持他的改变。之后的一段日子里，小宁爸爸每次都争取早点结束饭局回家陪女儿，而小宁妈妈也收起了自己的火暴脾气，一起阅读班主任老师为家庭推荐的30本有关亲情陪伴的绘本……亲子阅读的频率越来越高，这对夫妻也冰释前嫌，一家三口终于从僵持矛盾中恢复到了和乐融融的状态。小宁的父母更是受学校邀请作为书香家庭的代表参加学校的线上父母共读活动，还特别发起了"爸爸陪我一起读书"的倡议。从家长的朋友圈里，我们也欣喜地看到，越来越多的爸爸们正在参与到孩子的成长中。

新时代背景下的家庭，不学习的父母是很容易在育儿大军里掉队的。没有父母共同在场的家庭阅读是不完整的。新父母讲堂，父母共读，都是借助书香的魔力，让天下父母在同一片"元气森林"里呼吸，让大家同频共振，让家庭"不缺氧"，让父母"不缺席"，让孩子"不缺爱"，让家校"不缺沟通"。

四、以活动贴近阅读，让父母和孩子享受书香氛围

让阅读活动多元化，以活动贯穿阅读，培养学生养成良好阅读习惯，这是我校推进阅读的重要理念。所以，继"青吟·新父母讲堂"后，学校又开设了"青蓝·新父母俱乐部"，旨在让家长更好地吸收父母讲堂的教育理念和方法，帮助家长解决家庭阅读中的难题，让阅读在家庭中向下扎根、向上生长。

俱乐部以父母为主导，活动每月举办一次，由家长代表担任俱乐部部长进行组织策划，通过读书会、主题研讨或茶话会等全方位、多维度的形式，分享自己的家庭读书经验，讨论自己的教育方式和理念，有碰撞也有借鉴。迄今为止，"青蓝·新父母俱乐部"已走过了11期的历程。在俱乐部中，同样身份的家长们交流起来总能快速地找

到解决问题的方法，并且乐于接受。同时，学校负责人将家长的方法整理汇集，这些由杂到精、以点成面的育儿方法也成了我校家庭教育的特色。之后，我校又将这些方法整理成册，并加以完善，形成了独特的校本课程。

学校开展的一系列丰富活动也促进着孩子们阅读习惯的养成。在"帐篷节"活动中，孩子们给"心爱的一本书"制作了个性阅读卡，孩子们手持"阅读卡"，纷纷到各班的帐篷前欣赏、观摩，并用自己的书和别的同学进行交换。"我想用我的《鲁滨逊漂流记》换你的《中外神话故事》可以吗？""你能介绍一下你的这本书吗？我想先了解一下。"这样的声音在帐篷节的会场四处响起来。孩子们的相互分享结束之后，接着和父母一起享受亲子阅读时光。这样共读一本书的活动，营造了温馨美好的阅读氛围，增加家庭的阅读时间和阅读兴趣，助力全民阅读。

与此同时，我们还举行了"妈妈故事课堂""读书节""寻找最美的声音""亲子朗诵"等丰富的活动。借助多种形式的阅读活动让学生爱上阅读，在阅读中扎实成长。

"亲子朗诵"活动现场

一位四年级家长说："从小我们就特别注重孩子的阅读，孩子的读书表现也不错，可是孩子上高年级后对阅读就慢慢懈怠了。我们也特别紧张，'学如逆水行舟'啊！直到有一次孩子参加了读书节活动。在活动上，我家孩子分享了一本《夏洛的网》，引来了其他小朋友的好奇，纷纷让他分享里边的故事。他像个小老师一样，特别自豪。回来跟我说，'妈妈，妈妈，我的同学现在都特别崇拜我，你再给我买本《中国历史故事》吧，我可不能比他们知道得少了'。孩子们都特别喜欢比拼，不甘落于人后，咱们学校的各种阅读活动正好激发了孩子们的阅读兴趣，还让孩子们在这种良性的'比拼'中把阅读当作生活中最重要的事情，这是一个特别好的激励方法。所以，我们也应该鼓励孩子积极参加各种阅读活动。"这位家长的一席话，让我们更加坚定以"活动"推广阅读的信心，让孩子们在丰富多彩的活动中，感受阅读的美好，坚持阅读，实现阅读路上的节点跃升。

不仅如此，我校针对不同学段实行学科全覆盖式阅读活动，让孩子们在活动中爱上阅读，在分享中体验成就感。

从教室阅览室到车厢书廊，处处都是阅读场；从少量阅读到海量阅读，书香浸润着每一个学子的生命；从阅读匮乏到全员阅读，人人都在阅读中成长。

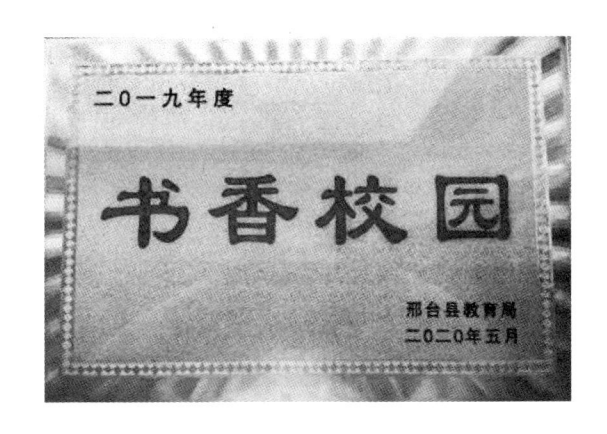

2019年，邢台新教育第一实验小学获得2019年度"书香校园"荣誉称号，学校也因阅读而被《中国出版传媒商报》"2019寻找特色书香校园"专题报道。

2020年在邢台市妇联"书香飘万家——看见幸福'阅'出梦想"家庭亲子阅读活动中，我校三组家庭荣获三等奖。这样的阅读"幸福花"，源自学校、家庭和社会的携手培育。

2021年，我校学生马一铭闯进"歌路营第三届乡村儿童成长故事大赛"全国总决赛，声情并茂地讲述了疫情期间亲子共读的故事，以全国第二名的成绩荣获"歌路营故事大王"称号。

2021年4月，王翠芳校长所撰写的关于如何建设书香家庭的文章《从细微处入手　让教育日行日新》在《中国教育报》作为优秀案例刊登发表。

滴水穿石，百炼成金。从2017年建校之初的蹒跚起步，到如今的蓬勃发展，我校始终以学生为核心，以阅读为载体，以"三进阶+"为思路，力求以阅读消弭城乡教育之间的鸿沟，改善教育结构，优化区域教育生态。开创"纵向一体化、横向多样化"的阅读新格局，使我校的阅读走向日常化、精准化、专业化。永葆初心，砥砺恒心，让家庭更有温度、阅读更有厚度。

点评：

邢台新教育第一实验小学探索出了"三进阶+"的书香家庭建设模式，多层次、多维度地引领学校、班级、家庭进行书香家庭的建设，具有显著的效果，值得推广和借鉴。从一个个鲜活的案例中，我们可以看到学校对于家庭教育、对于家庭阅读的重视，看到教师对于课程的用心，更欣喜地看到了孩子、家庭的成长与变化。

◆ **班级篇**

班级因书香而精彩

邢台新教育第一实验小学　郭玉霞

"最是书香能致远,腹有诗书气自华。"回想我的童年,除了学校发放的课本,能接触到的课外读物少得可怜,更别提优质的童书了。长大后,儿时的遗憾让我对阅读的机会倍加珍惜。徜徉在书的海洋中,我感受到了自由、自主和快乐,我知道我爱上了它,更想把这份热爱传递给大家。于是,我带着班上的孩子们走上了阅读之路,在这个过程中,我也感受到了我们的班级因书香而带来的精彩变化。

冲破重重困难,我们的"彩虹班"成立啦

"万事开头难",但为之,难者亦易矣。

2019年9月,我来到邢台新教育第一实验小学任教,当发现我所在的班级有一个陈列着绘本、寓言、诗歌、名著等图书的图书角时,我为学校有如此静谧的阅读环境而感到惊喜,心里不由得感叹:"现

在的孩子竟然拥有这么齐全的阅读资源！"但后来我也观察到几乎没有学生会主动走到那个"迷人"的地方。

偶然的一个课间，我看到一个正在玩橡皮泥的女孩子，于是问她："图书角有那么多有趣的书，你想不想去翻翻看看呢？"

小女孩一边继续玩着手里的泥巴，一边漫不经心地说道："不想去，休息时间我们都不想学习，只要是书就不想看。"

我心里一惊，原来孩子们是把课外阅读当成另外一项学业了，并没有从中发现乐趣。意识到这个问题后，我决定再从家长那里了解一下孩子们不喜欢课外阅读的原因。

"祥涛爸爸，我想问一下您，孩子平时在家除了学习课本知识还做其他什么事情呢？"

"除了学习，就是玩手机看电视，偶尔去公园转一转。"

现在电子产品充斥在我们的生活中，也占用了孩子们不少时间。我又问道："你们给祥涛买课外书吗？或者陪伴孩子一起阅读吗？"

祥涛爸爸诧异地回答说："课外书？老师，孩子学习时间都不够呢，哪里还有时间看课外书呢？况且孩子也不愿意读课外书。"

我之后又询问了几位家长，大部分家长都认为应该在学习上多用功，而不是把时间浪费在课外阅读上。

针对以上问题，我决定召开一次家长会。在家长会上，我告诉家长们："学生的成长如果只有枯燥的算术，机械地背书，生活将变得黯淡无味。我们的孩子现在就是一张白纸，需要用不同的彩笔去绘画五彩的人生。那么，阅读将会是最好的彩笔，可以帮助我们去描绘孩子们的五彩人生。"

"嗯，老师说得对！我也一直支持孩子去广泛阅读！"一位坐在前排的家长说道，越来越多的家长参与讨论，赞同的声音多了起来。

得到了家长们的支持，我便开始想办法提高学生们的阅读兴趣。既然电子产品盛行，那我就从电子产品入手，为孩子们坚持阅读寻找一种可以利用电子产品进行学习的方式，即让孩子们在家长的配合下，通过微信小程序打卡的方式来完成阅读任务，并为我们的小程序起了一个孩子们都很喜欢的名字——"彩虹班"，寓意是希望每一个孩子的人生，都能因为阅读而五彩斑斓。就这样，我们的"彩虹班"成立啦！

阅读打卡，成了彩虹班孩子的习惯

阅读的路上会有荆棘，但只要努力奋进，就没有克服不了的困难。"彩虹班"的阅读之路，启程了。

"彩虹班阅读打卡"圈子成立后，孩子们可以在这里读书打卡，为了让更多的孩子坚持下去，我就每天陪着学生一起阅读打卡。

说实话，刚开始执行时的确很难，每天只有10多名学生参与阅读打卡。为了让更多的学生参与进来，我每天上课时会先表扬阅读打卡的学生。就这样天天强化榜样的行为，天天激励大家，榜样的力量让学生参与的积极性也越来越高了。

在带领孩子们坚持阅读打卡480多天后，每天阅读打卡已经成了我的习惯，更成了学生们课余生活的重要内容。由最开始的10多人参与读书打卡，到后来的30多人、50多人参与进来；由最开始的读书打卡10多天，坚持到后来的100多天、300多天，到现在为止，有的孩子读书打卡已经坚持了近700天。当阅读真正成了孩子们的习惯时，我感到特别欣慰。

当然，还有一些孩子因为父母不在家，没有手机不能读书打卡，他们当中会有人跟我说："老师，我爸爸妈妈不在家，微信打卡不方便，但我真的坚持每天读书了。"我相信他们，也会鼓励他们："你们都是好样的，只要你们真的读书了就行。打卡不是目的，读书才是。"

渐渐迈入阅读里程的孩子们，一起陪伴学生阅读打卡的家长们，就这样慢慢形成了一个良性循环的阅读氛围。作为家长或者老师的您，看了我的经历后有没有得到点滴的启发呢？请相信，只要行动起来就会有好的变化，每个爱上阅读的孩子，都会在这条路上走出自己的精彩。

一起，慢慢走入阅读的深处

阅读的过程，就像春雨，慢慢滋润着我们班每一个孩子的心灵，改变着他们的一言一行。

我经常跟我的学生们说："阅读是一件很有意义的事，老师愿意陪你们一起做这件有意义的事。在推广阅读的路上，你们一点一滴的变化，都给了我坚持做这件事的动力。"

记得班里有一个学生，最初的时候一点也不喜欢读书，别的孩子都盼望着每周一次的阅读课，盼望着阅读课可以去图书馆饱览群书。可这个孩子却总是对我说："老师，我不喜欢看书，不想去图书馆。"

我一开始听到这句话的时候，特别想不通，这到底是为什么呢？但思考过之后，我就对他说："你以后可以不去图书馆，但是你得去咱们班图书角找一本你相对最喜欢的书来读，然后你再给我说说读书的感觉，这是任务。"

这个孩子不情愿地照做了。有一次，我发现他选了一本动物小说《狼王梦》。我看到后，趁机找了个机会，和他聊起了这本书。我发现他虽然理解不深，但能给我说出书中的一些精彩片段。就这样，我坚持让他从图书角选自己喜欢的书去读，然后跟他聊书，听他讲书……慢慢地，我发现他开始愿意去看书了。

有一次他爸爸给我打电话，聊起孩子的事情，他说："老师，俺孩子昨天在路上给我讲了两个故事，有模有样的，我问他从哪里听的故事，他说他是自己从班级图书角的书上看的，我当时就特别开心，儿子以前从来都不喜欢看课外书的，没想到他现在能自己主动去看书了……"

听了男孩父亲的话，我也特别高兴，走在阅读路上的孩子正在慢慢发生改变。之后，在开展阅读时，我特别关注了这个男生，他真的变化特别大。大多数孩子晚上放学回家完成作业后，会坚持阅读打卡，而这个孩子跟我说："老师，我爸妈上班，微信打卡不方便，我在学校利用课间时间坚持读书行吗?"我说："当然可以啊，只要你去读了就行，阅读成为你喜欢的事情就行。"这个男孩开心地笑了，以后每个课间只要我去教室，都能看到一个捧着书认真阅读的男孩。

该男孩（左一）领取阅读奖状时

此后的很长一段时间,我还是会时不时地关注这个曾经不爱读书的孩子,多少有点担心他阅读的兴趣不能长久。可事实证明,我的担忧是多余的。短短几个月的时间,他读完了沈石溪的动物小说《狼王梦》《霞谷山鹰》《牧羊豹》,他还喜欢历史类的书,读完了《封神演义》《战国时期林汉达故事集》,目前他正在读《资治通鉴》和《导盲犬迪克》……这让我很是开心,也不由得感慨:这个孩子由一开始的被动读书、应付读书,到现在的主动读书、博览群书,表达和写作都上了一个台阶,终于真正爱上了阅读,发生了质的变化,这就是阅读的魅力啊!

除了这些个例,全班学生也都有了变化。孩子们喜欢听我分享绘本故事,然后我们一起讨论,产生思维的碰撞,在阅读中我们都变成了那个更好的自己。忘不了我跟孩子们一起读过的《三只小猪的真实故事》,孩子们在一次次的交流中,慢慢拨开云雾,知道了那只狼并没有被冤枉;忘不了我们一起读过的《花婆婆》,从此孩子们的心里种下了一颗让世界变美好的种子;忘不了我们一起读过的《菲菲生气了》,孩子们知道了怎么控制自己的情绪;忘不了我们一起读过的《好饿的毛毛虫》,让孩子们深信,坚持下去一定能破茧成蝶;忘不了我们一起读过的《小真的长头发》,才发现孩子们的想象力原来是那么丰富;忘不了我们一起共读《夏洛的网》,令孩子们懂得了团结互助、友谊的珍贵……

读书路漫漫,吾将上下而求索。我看到了读书带给孩子们的变化,感受到了我们的班级因读书而更加精彩。可是,读书无法速成,它不能一蹴而就,一日千里,也由不得你朝三暮四。和孩子们一起读书真的是一件很幸福、很快乐的事,我愿为之坚持,日复一日,年复一年。

点评：

阅读是一种学习，甚至是更本质的学习。但很多孩子却在培养学习兴趣这一关，就被阻隔在了阅读的大门外。本文作者通过阅读打卡，把家长和孩子联系在一起，把孩子和阅读联系在一起。当孩子有了这样一个平台的时候，有了一群同行者之后，他们不仅可以展示、可以分享，也越来越体会到了读书的乐趣。教师借助推动阅读，不仅营造了班级的阅读氛围，还助力父母增进了亲子之间的关系。相信在这些孩子未来的生命里，这一颗颗阅读的种子就会成长为蓬勃的生命之树，陪伴他们的一生。

阅读小贴士

1. 你有没有陪伴孩子一直坚持做一件事情？比如每天的阅读打卡，由一个月到两个月，由半年到一年？

2. 你有没有关注到孩子因为读了某些书，发生了一些变化？然后趁热打铁对孩子的这种变化进行正向鼓励呢？

3. 你有没有在陪伴孩子阅读的路上多尝试一些激励的方法呢？多尝试一下吧。

推荐书单

《三只小猪的真实故事》《石头汤》《小真的长头发》《夏洛的网》《西顿动物故事》《吹牛大王历险记》

绘本促进成长　书香点缀童年

邢台新教育第一实验小学　王雅卓

"老师，我想和您沟通一件事……"

王小铮妈妈的一通电话让我走进了一个一年级小男孩的成长世界。

小铮妈妈说，小长假里两个儿子针锋相对地闹了一个暑假，起因是一个坏了的削铅笔刀。削铅笔刀被小铮摔坏了，露出了锋利的刀边，被正在写作业的哥哥扔了。弟弟看见后不甘示弱，也把哥哥的笔扔了，两个孩子就开始你争我吵起来。哥哥说："他的削铅笔刀坏了，怕割伤手指我才扔了。"弟弟说："是他先扔了我的东西，所以我才扔他的东西。"妈妈一听，谁对谁错还不是显而易见啊，于是开始严厉地批评教育弟弟，可弟弟也感到非常委屈，一直愤愤地说"你不懂"。

"我不懂？老师，我活这么大岁数了，还有什么不比他懂的，这么件小事儿我还能冤枉了他不成！"小铮妈妈气愤不已。

"这是一个性子急的权威型妈妈。"我心里默默地想。

小铮妈妈说，假期中小铮和哥哥、堂姐爆发过很多次争吵，爸爸妈妈对小铮的教育也从一开始的说教演变到了简单的吼骂；小铮也从一开始的大哭到如今的生闷气、不耐烦。但，类似的事情总是在不断重演。

"老师，我总感觉孩子根本没明白我们大人想表达的意思，说又说不得，一说就闹。做错了事，你去认个错、道个歉有那么难吗？怎么总是这么不知悔改！"小铮妈妈机关枪似的发言透露着恨铁不成钢的心情。而我似乎也有些理解了，小铮为什么是"一说就闹"或者闷不吭声的态度了。

"我们只是想让他正确理解别人的意思，他也这么大了，以后怎么跟朋友交往？越想越着急，这孩子也不听教……老师，你在学校也多多观察，帮我们找找办法……"小铮妈妈说。这让我意识到在孩子的成长过程中，家长永远比孩子更焦虑。

这一次交谈，我理解了一位母亲的拳拳爱子之心。我作为孩子成长中的另一位"重要角色"，也开始了对小铮的"特别观察"。

学校的"重演事件"

吵吵嚷嚷的课间，小于同学哭着来找我："老师，王小铮骂我是'臭鱼'，还朝我吐口水。"安抚了小于之后，我把小铮叫到身边。

"来，小铮。"我问道："你说说是怎么回事？为什么骂她？"

"老师，不是那样的，我在喝水的时候她故意从后边撞我，让我把水洒了，我才……"小铮着急地反驳。

"老师，我不是故意撞他的，安小凡刚从那儿过，我就给他让了个路，然后不小心碰到王小铮了，他上来就骂我、还朝我吐口水。"小于把事情的来龙去脉说得更清楚了。

这时，只见小铮低着头不说话，像只鸵鸟一样。这让我想起了之前跟小铮妈妈的沟通，也让我对这次的事件有了基本的预判。于是我故意开玩笑地说："经常听你妈妈说，你特别懂事儿，老师也觉得你特别懂事儿，怎么今天还骂同学呢？"

"老师，不是，我不知道她不是故意撞我的。"小铮连忙向我解释，生怕我误会。小铮的道歉让我明白，他其实是分得清对错的，但总是在事情发生的时候误会对方，因为他只关注自己当下所看到的事情和自己的感受。

放学之后，我将今天发生的事情转述给小铮妈妈。小铮妈妈半是开心半是担忧地说："那他还是有长进，最起码知道别人不是故意的了，在家我说啥都不吭声，回去我也再说说他，希望他不要再犯这样的错误。"

小铮妈妈的话让我陷入了沉思。作为一名刚从幼儿园过渡到小学一年级的小朋友来说，他的思维还不健全，对事物的认知很有限，这也就是为什么在小铮身上这些类似的事件会不断重演的原因。而现阶段解决类似问题的最好方法，首先是让小铮在与别人的交往中学会倾听，先好好听听对方的想法，听明白对方的意思。

和小铮妈妈的那一通电话，也让我意识到，在小铮成长为"交友小达人"的旅程中，还需要他那位权威型妈妈的改变和配合，于是我"策划"了一节特殊的绘本课，想讲给小铮听，也讲给小铮妈妈听。

辩论赛"到底谁的错？"

第二天。

"同学们，今天老师先给大家分享一个故事。"我从书架上拿出了绘本《不是那样，是这样的!》，并绘声绘色地讲给同学们听。

"同学们，獾、狐狸、熊吵得天翻地覆、各说各的，那到底是谁错了呢？"

孩子们七嘴八舌地说起来，有说狐狸的、有说獾和熊的，借着他们热情的"东风"，我决定开展一场小型辩论赛。为了便于孩子们的理解和辩论，我将辩论赛分为两组，一组名为"守护狐狸队"，观点是獾和熊错了。二组名为"守护獾熊队"，观点是狐狸错了。

辩论开始了！

二组成员安小凡抢先发言："獾和熊在搭高楼，狐狸突然过来把高楼踢倒了。獾刚叫了一下，狐狸就咬獾，是狐狸的错。"

"但是因为獾一直朝着狐狸耳朵喊，它才咬獾的，是熊和獾的错。"一组的一位小男生迫不及待地反驳道。

"不是，是獾和熊在搭高楼，狐狸突然过来把高楼踢倒了，獾才叫的。"好几个二组成员争辩道。

一组的王小铮抢着说："那是因为獾和熊搭的高楼太丑了，狐狸是搭石头高手，想帮它们一起搭得好看点。狐狸是好心，獾和熊还咬它。"

"那是因为狐狸的尾巴把高楼给掀倒了。獾和熊以为它在捣乱，所以才生气的。"二组成员不甘示弱。

"狐狸不是故意的！"一组成员喊道。

……

"同学们，讨论出来了没，你们觉得是谁的错？"我问道。

"老师，我们觉得不好说。"

"都没错，又好像都有错。"

孩子们很是为难地回答，但我心里却因他们的回答感到一丝惊喜，这群小朋友用自己独特的思维方式追寻到了答案的边缘。"那我们先来看看小松鼠看到了什么？"说完后，我带着孩子们一起继续阅读。

"老师,这好像是一场误会吧。"小班长抢着回答。

小班长话音刚落,小于接着说:"对,虽然他们打起来了,但是感觉都不是故意的。"孩子们迫不及待地说着自己的新观点。

孩子们的回答超出我的想象,我默默地告诉自己不要小看他们,于是我追问道:"对呀,谁都不是故意的,因为误会造成了他们打架的局面。那同学们,你们平时有没有发生过类似的事情,那你们觉得应该怎么解决争吵呢?"

梓萌说:"不要先吵架,先好好说。"

班长说:"应该像松鼠说的那样,好好听听对方的想法,互相理解。"

王小铮说:"可以先问问他为什么这么做?"

听到小铮的回答,我心里感到一股莫大的惊喜。"同学们,小铮说得非常棒,以后我们和朋友遇到矛盾时,可以'先问问'。""小铮,那你觉得你会问谁这句话?"小铮挠挠头、略有羞涩地看着我小声说:"问小于吧,那样我就不会误会她了。"

我欣慰地看着小铮,为他竖起大拇指,说:"小铮,老师真为你骄傲!下次再碰到类似的事情,一定要记得'先问问',这可是你独创的交友小方法。"小铮一脸兴奋地点头。

我与妈妈的一问一答

课后,我找到小铮妈妈问:"这节课有没有感觉小铮有什么不同?"

"老师,我感觉他变化太大了,我都不敢相信这是我儿子。"小铮妈妈满脸不可思议,"他上课的回答特别出乎我的意料,虽然话语比较稚嫩，但他的思维逻辑还是在点上的，就是不知道为什么在家我说啥都不吭声？"

"小铮妈妈，有没有尝试换一种方式跟孩子沟通？孩子私底下跟我说，您一说话就像在埋怨他，认为是他的错。孩子年纪小又不爱听，只能把不吭声当成一种反击方式。咱们不如试着心平气和地跟孩子沟通，减少直白、生硬的说教，还可以借助一些绘本书籍，让您的教育变得更有趣。"

从小铮的身上，我深刻地意识到：孩子的世界不是任何人都能进去的，只有懂他们的人才能进入他们的世界。而绘本，就是一个能进入儿童世界的有效媒介。所以，我将这个教育方法推荐给小铮妈妈。

"老师，其实这堂课也给了我深深的触动，我能看出来孩子都是乐于接受的，我觉得'乐于接受'在孩子的教育过程中是最难得的，我回去也学习学习，以后也像你这堂课一样，用上绘本教育。"小铮妈妈笑着说。

"好，我也期待您的反馈。"

家长分享会

一年级学生受限于身心发展的特点，他们大多数"以自我为中心"，不懂得如何交往，所以小铮的事件并不是个案。同样，在孩子成长交往的过程中，家长的帮助与教导也是至关重要的。在和小铮妈妈沟通后，我决定召开一场家长分享会。

分享会上，小铮妈妈将小铮出现的问题、自己教育方法上的误区，以及那堂绘本课上的成长一一分享给大家，她说："绘本课结束以后，我家孩子再遇到冲突时，都会'先问问'。有的时候他没有做到,我也不再着急替他解决冲突,我会提醒他'要不你先问问'?让他自己解决,孩子现在有了很大的转变。我觉得我自己也有一个最大的转变,就是让绘本代替说教,孩子也不烦我说话了,而且他从绘本里读懂的道理比我们大人想要传达的还要多,他自己也能够找到解决方法……"

小铮妈妈的分享不仅让家长们茅塞顿开,还激发了家长们发言的欲望。

"我家孩子总是自己占着玩具,不跟别人分享。小朋友不跟他玩,他还闹脾气。我也是说什么他都不愿意听,我也去找本绘本好好引导引导他。"昌源妈妈说。

"对,我们可以根据孩子自身的问题选择不同的绘本,进行针对性教育。"一鸣妈妈举一反三。

"我们是不是也可以利用不同绘本,来引导孩子解决不同的成长方面的问题。"一位爸爸反思道。

……

分享会的收获远超我的想象,家长们的思考与迫切学习的状态深深地震撼了我。这也让我再一次意识到,教育绝非单方的行动就能成功,它一直需要父母和老师的配合!

借助绘本、书籍代替简单的说教,更温和地引导孩子,让孩子减少抵触情绪。同时让孩子们自己从绘本中寻找解决方法,这会让孩子们的成长、家庭的教育事半功倍。

点评：

本文所选择的事件，就是在家庭生活中最常见的问题。小学一年级的孩子，语言发展和思维发展都还不够，在理解问题和表达自我的时候，往往不能做到准确流畅，也因此导致父母与孩子之间的诸多"误会"产生。老师巧妙地运用绘本，借助开展辩论会等方式，帮助父母和孩子反思自己，重新思考亲子沟通的问题，这是从根本上改良亲子关系的做法，也收到了很好的效果，值得更多父母学习和借鉴。

阅读小贴士

1. 请用有趣的绘本书籍代替简单直白的说教吧。

2. 一个月您陪伴了孩子几次？您和孩子目前遇到的最大问题是什么，可以找到相关主题的绘本，和孩子一起共读，看看是否可以缓解现在的问题呢？

推荐书单

《这是我的！》《烦人的兔子》《不是那样，是这样的！》《第一次上街买东西》《我想和你交朋友》《我的情绪小怪兽》

"蒲公英班"孩子们的幸福寻梦记

邢台新教育第一实验小学　孟娇

人人都知读书好，书中深挖有百宝。书，是良师益友，与之为伴，终身受益。读好书，需有老师和父母的指引；养成读书的好习惯，亦需要家庭、校园环境的引领。我因读书受益，所以我也带领着我们"蒲公英班"的孩子们，将读书进行到底。

聊聊"幸福"

故事，从一次课前聊天开始。

我："孩子们，你们幸福吗？"

全班孩子小脸通红，齐声喊："幸——福——"

我："是什么让你们感到幸福？"

短暂的鸦雀无声后，稀稀落落的小手举了起来，不知道他们是在揣摩老师问题的深意，还是一时没有合适的答案。

张晓伟心直口快，站起来说："老师，幸福就是每天放学回家能打一会儿游戏！"

他的回答在班里引起哄堂大笑，男生用笑声认同，女生用笑声奚落。班长张馨欣站起来反驳："打游戏只能获得暂时的快乐，我认为幸福就是放学回家后，捧一本自己最爱的书，窝在一个舒服的角落，安安静静看一会儿书，积累知识，才能获得长久的幸福！"

我在心里为这个小姑娘竖起大拇指，继续问："孩子们，现在两位同学对于'幸福'有不同的见解，你更认同哪一种观点？你们觉得什么样的幸福才是更持久、更令人受益匪浅的呢？"

孩子们沉默了，他们小小的脑袋里，正在进行搜索，什么是更持久的幸福呢？

此时，曹云茜高举起手，坚定地看着我："老师，我认为最持久的幸福就是有书读，我喜欢读书带给我的安逸感和收获感！"

王星宇接着说："我也觉得读书是幸福的。我到现在还记得小时候，每晚睡前爸爸妈妈给我讲故事的场景，那种幸福，真的很难忘！"

王星宇话音刚落，张晓伟接上了话："老师，我也认同，读书会让人更快乐！游戏确实也会让我感到快乐，但每次打完一阵子游戏，我就会头晕眼酸，心里还有一些懊悔，我觉得我打游戏的时间，别人肯定用来学习了！所以，打游戏会让我快乐，但那是短暂而又让人后悔的假快乐，还是读书的快乐更真实！"

张晓伟话音一落，班里响起热烈的掌声，孩子们七嘴八舌地附和着："对，读书真的会让我们获得持久的幸福！""老师，我也最喜欢看书，但我更喜欢听爸爸妈妈讲故事，那会让我更幸福呢！"……

我欣慰地看着他们，我知道，读书这颗幸福的"种子"，播下了。

我想起松居直《幸福的种子》一书的前言"爱的语言"中写道："父母要用自己的嘴、自己的声音，告诉孩子书里所写的事情，这比起让孩子自己看更有意义。""盼望您能用自己的声音和话语拥抱孩子，让他在温暖生动的话语中成长。因为，亲子之间交换的丰富语言，是一个家庭最大的财富。"让孩子获得一生的幸福，那就从给孩子读书开始吧！

咀嚼"幸福"

班里有一名男生，说话爱仰着头，边说话边翻眼皮，有一种"傲视群雄"之感。他上课爱接话茬，但出错率在99%以上，他总是异常活跃，用美术老师的话说，从没见他在板凳上坐过。坐不住板凳，一走路就跑，老师们都对他十分头疼。但他整天嘻嘻哈哈，反倒和同学们打成一片，在班里有很多玩伴。见老师拿他也没办法，就孩子王似的带着大家在课间疯玩，因为姓马，遂有同伴送他外号"小马哥"，外号渐渐叫响，他倒也乐得接受。

"小马哥"五岁时，因病头发和眉毛掉尽，至今没有长出来。这个孩子平时嘻嘻哈哈，看着十分不着调，但可以感受到，他的内心充满了自卑。一次，他上课又胡乱接话茬，我把他带到了办公室。

我问："怎么回事儿？为什么上课不能安静听老师上课，总是接话茬？"

他一副漫不经心的样子："啊，老师，我好好听课了，就是控制不住自己，不小心就把话说出来了！"

看他小心掩饰又装作若无其事的样子，我叹了口气说："你是想用这种方式找到存在感，让大家都注意你，是吗？"

听到这儿，他怔了怔，然后突然号啕大哭："他们总是嘲笑我没有头发，从来不考虑我的感受！我上课接话，也是为了证明我比他们会得快，我不比他们差！"

我不知道该怎么安慰这个四年级的孩子才不会显得太刻意，只能拉着他的手，任他的情绪发泄出来。

"孩子，我知道你想证明自己，但证明自己的前提是你真的足够强大，否则这样次次失误，会使你在同学们面前的形象不断跌落。你很热心、善良，对于同学们的求助你总是及时伸出援手，所以，你有很多优点值得肯定。你看过《草房子》吗？里面有一个小男孩，和你的情况很相似，你可以看一看他的故事，再想一想自己应该怎么做。"

第二天，我送了他一本《草房子》，也在班里展开《草房子》共读。孩子们阅读兴趣高涨，课间聊天都成了交流书中的故事。看到他们这样喜欢这本书，一个周末，我建议他们和父母一起看《草房子》这部电影，可以和父母交流观影心得。

后来，一个孩子在日记中写道：故事中的秃鹤让我心生惭愧，想到自己也曾用语言伤害过自己的同学，我很难过。其实我很喜欢"小马哥"，只是看到有人起哄，忍不住也想逗一时口舌之快。妈妈告诉我，要呵护别人的自尊，不能自私到为了自己开心，随意伤害别人。

一个月后，我们在班里开展了读书交流，说到让自己印象深刻的人物时，很多孩子都说到了秃鹤。他们从油麻地小伙伴身上学到善良，认识到自己的错误，听着他们真诚的分享，我看到"小马哥"低下头，默默地擦着眼泪。

后来，"小马哥"依旧是"小马哥"，爱蹦爱闹、坐不住板凳，但对待同学，他更加热心、乐于助人。其他孩子需要换值日，第一个想到的总是他，他也总是尽己所能帮助别人。"小马哥"从一开始喜欢"傲视万物"，变得"食人间烟火"了，也能平静地与人交流，心平气和地接受身边的一切。

我想，这就是读书的意义吧！我们在读书中寻找自己，在交流中反思自己。"小马哥"和"蒲公英班"的孩子们就这样,在书中品味幸福,咀嚼幸福。

分享"幸福"

"蒲公英班"的孩子们,从书中读到幸福,他们将这份幸福,传递给身边人,也将幸福带到了家庭和社会中。

四年级开学,我们班换了一位数学老师,第一节数学课下课后,"小马哥"急急忙忙跑到我面前,一本正经地说:"老师,数学老师讲的我都会,你知道我为什么会吗?因为我在《神奇校车》上看过!"

精彩的好书推荐

看着他那因为激动而通红的脸,我比他还激动!我拍拍他的肩膀,对他竖起大拇指:"是吗?你竟然先老师一步,从书中学到了要学的知识!你真厉害,我要向你学习!"

看着他心满意足地回到自己的座位,我知道,这个孩子,开始转变了！果真，从那以后，他一进教室总是先冲到图书角，找一本书，认真读着。坐不住板凳的他，课间也不再乱跑了，如果有孩子来找他玩儿，他就一本正经地扶着人家的肩膀说："有时间还是要多读书，读书好，比课间跑闹好玩儿多了！"没人带头追逐打闹了，反倒因为"小马哥"，班里的读书氛围变得越来越好，孩子们的读书兴致也越来越高涨！沉浸在书中的"小马哥"，上课开始认真听讲，也没有老师反映他上课纪律不好了。

2018年，我有幸成功申请到"彩虹花"小额阅读基金，买来《小鹿斑比》一书，和孩子们共读。我们在班里读，随斑比一起走进广袤的森林，和它一起成长，见证它成为"鹿王"的坎坷起伏；我们在家里读，和父母分享斑比的成长故事，记录自己的成长经历；我们在社会中读，学骑自行车时一次次失败，但想到坚强勇敢的斑比，又一次次站起来，直到学会骑行！

我校"五个一"书香工程，引领全校师生坚持读书，我们每天阅读半小时，坚持"亲子共读"。活动伊始，有很多父母很抵触，抱怨自己工作很累，还要给孩子读故事，常常敷衍了事。后来，坚持"亲子共读"的效果出现了，孩子们无论表达能力还是理解能力都有了很大提升，父母们才渐渐认识到读书的意义和价值。最重要的是，父母们放下手机，拿起书和孩子们分享故事的"亲子活动"，让父母和孩子的关系更加亲密，父母们放弃了能获得短暂幸福感的电子产品，和孩子一起从书中感受到了幸福。从活动开始到现在，班里很多同学已坚持打卡400天。坚持读书，不仅让他们成绩变得优异，还开阔了眼界，见识到更广阔的天地。

因为读书，我们获得了幸福；因为读书，我们寻到了亲子相处的乐趣；因为读书，我们找到了分享幸福的方法。我们坚信，当您放下手中的电子产品，和孩子一起分享故事时，您的孩子定会收获满满的幸福。当有一天，您的孩子能够像蒲公英一样乘风飞翔时，被故事浸润的他们，一定会飞得更高，更远！

点评：

"小马哥"的故事案例叙事很细腻，有很多生动的细节，从中更加凸显出阅读给孩子带来的变化，也让人们切实体会到阅读的益处。

阅读小贴士

1. 你和孩子一起读书了吗？赶紧一起读起来吧！

2. 你和孩子有没有一起看过一场电影？推荐观看文中的《草房子》和《小鹿斑比》哦！

3. 和孩子一起制订一个读书计划吧，有计划，更容易实施哦！

推荐书单

《每一个善举》《查理和巧克力工厂》《一百条裙子》《鼹鼠的月亮河》《小鹿斑比》《草房子》

让教育返璞归真

邢台新教育第一实验小学　范伟霞

有人说：生活在不同的词汇里，就是生活在不同的世界上。所以，想要走进一个人的内心世界，就需要有共同的语言，而阅读，最能架起沟通的桥梁。共读绘本，是最省时省力的教育方式。共读绘本，让教育返璞归真。有了阅读，生活学习都会变得多姿多彩。

课堂有声音

这天，数学老师外出学习，我连续上了两节语文课。不知道是课程内容无趣，还是我的教学设计有问题，又或者是连着上了两节语文课，导致孩子们的思维停滞，班里的气氛特别沉寂。

第三节课正好是阅读课，我拿着《犟龟》走进教室，一亮手中的书，学生们顿时两眼发光，欢呼雀跃道："阅读课，阅读课！又能听故事了！"孩子们的兴奋劲儿，让我心里暗暗松了一口气。这个故事主要讲了倔强的乌龟陶陶，不管遇到怎样的困难，始终坚持一步一步地向前爬，终于准时赶到了目的地。我选择这个故事，也是想让孩子们从中汲取正能量，学习犟龟的精神，朝着目标永远前进。

首先，我把故事题目、作者等信息板书到黑板上，然后再出示封面，让学生观察，根据题目和封面，猜猜故事情节。这一环节大部分同学好像有点摸不着头脑，不过，倒也有几名同学进行了大胆猜测。有的说："这个犟龟可能因为某种原因离家出走了，这个'犟'，肯定不好。"

"嗯，联系了生活已有的经验和感受，是阅读时做预测的一种方法。"我点评道。

另一个学生说："这个乌龟打了败仗，投降了，因为它手中举的是白旗。"虽然和书中的故事不同，不过还算是有理有据。我充分尊重孩子们的种种想法，因为这代表他们的思维在飞扬。也正是因为这一猜，才让他们真正去思考，而不是被动地接受。说不定，下一个"故事家"就是他们呢！当然，我同时也暗自窃喜，他们没有猜中书中的故事情节才好呢，正好吊吊他们的胃口："那到底是怎样的故事呢？我们一起来走进故事吧！"

果不其然，他们的小眼睛一直紧盯着我手中的绘本，耳朵都竖起来了！接下来，在分享的过程中，我才讲了一部分，孩子们就开始按捺不住了，有小手举起来了，有跃跃欲试来讲的了……

呀！这次竟然把情节猜对了，这在意料之中，也在意料之外。因为猜对情节的并不是学习上的佼佼者，反倒是在学习上还有点吃力的一个学生。一整节课，他的思维都在跟着故事情节的步伐走，他还说："我想到我们刚刚学的水滴石穿的故事，想到那句话'水滴……不是，滴水……滴水能把石穿透，万事功到自然成'！"当演奏《乌龟进行曲》时，他又说："我想到了毛泽东那句名言'世上无难事，只要肯登攀'……"

在听故事的过程中，还有好几名同学提出了疑问，发表了看法。

"两天之后狮王二十八世就要举办婚礼了，我在听的过程中已经听到了两次又过了好多天，那乌龟陶陶到了没有？"溪瑶迫不及待地想知道结果了。

课堂上很少发言的田雨，颤颤巍巍地举起了手："我知道，为什么是犟龟了，因为他一直坚持走着去参加狮王的婚礼，任谁劝说也不改变。"

在和学生分享、板书的过程，我也重新梳理了自己的思路。我深切体会到了图画色彩也是表情达意、渲染气氛的一种极佳方式。比如，书中乌龟遇到的下雨天，烈日天，让人看后也能很快融入情景。我还知道了，书中的乐谱、舞曲，分别安排在陶陶遇到的几个（类）人物后用来"助阵"，这种表现形式就很新颖。乌龟的坚持不懈，自得其乐，与其他几种动物形成了鲜明对比。同时，蜘蛛发发、蜗牛师师、壁虎茨茨、乌鸦们，它们的形象跃然纸上，仿佛让读者真实地看到了这些小动物们。这也让我产生了更多思考，在和学生交流的过程中，我好像也突然明白了为什么会选择这几种小动物，忍不住在心里叫绝！

在最后的交流环节，我问学生："你觉得陶陶参加了它想去的婚礼了吗？"

有同学说："没有。"

另一个同学马上反驳："我认为他参加了他想去的婚礼，虽然没有赶上狮王二十八世的婚礼，但是正好赶上了狮王二十九世的婚礼。这也不错啊！"

没错，上路了就会遇到庆典。虽然有时候可能达不到自己的最初目标，但是只要坚持也会有意外的惊喜。上路了，就不停地走，走着走着，就会是别有一片洞天……刚刚上路的同学，期待你的进步，飞跃……我们都要坚信：上路了，就会遇见庆典。

绘本故事真是一剂良药，专治不思考、不发言的病。有了绘本故事，课堂上就有了声音。

生命有色彩

阅读绘本让孩子看到丰富多彩的颜色，感知到世界的多姿多彩，我带领班里孩子们读了很多本绘本，相信蜕变是肯定的。有一天，开始学习《一封信》新课。到了第三个环节：学内容。我问孩子们："题目是《一封信》，但文中到底是几封信，快找一找。"

许多学生不假思索："两封！"

"没错，用横线画出第一封信的内容，用波浪线画出第二封信的内容。"我接着追问："第一封信的内容，你读到了什么？"

我教了他们近两年了，之前从来不回答问题的小皓举手了："……嗯嗯（其实是"阴森"的发音，但因为声音太小，我听不清楚）。"

作为老师，这种激动难以言表："什么？再大点声音。"

"阴森。"

"说个老师和同学们听得懂的词。"我用尽全力听，此时我还是没听清楚。

"不开心，阴森。"

我顿时恍然大悟。"是啊，老师理解你的意思了。说得太好了。如果给这封信赋予色彩，那就是'阴森，灰暗'。掌声送给他。"

第二封信的处理，步骤同上。

"如果给这封信赋予色彩，那是什么呢？"

"彩色!"

"你喜欢哪一封,为什么?"

大家都喜欢第二封,孩子们说出了自己的理由。

我欣喜于小皓同学的进步,感谢他的一句话,让我也瞬间思路开阔。课堂,本就应该是老师和学生生命共同成长的地方。

下课后,我找小皓谈心:"今天上课你的表现真棒,说出了别人都想不到的感受,非常可贵。你怎么会有这个感受呢?"

孩子不好意思地说:"前几天,我们班级刚分享了《小种子》的故事,里面就有很多颜色。"

他的话让我不禁一愣。曾经,我一度怀疑这个孩子的智商,与家长沟通了几次,他们也是束手无策。但是一次阅读活动居然激发出了他内在的潜能。这时候,我更意识到自己带领孩子们一起阅读绘本是多么正确的一件事。

后来的一次家长会上,我把小皓的表现反馈给家长,家长激动得落泪了。"孩子特别喜欢读绘本,我以后一定多陪他一起阅读。"

绘本是一把神奇的钥匙,可以开启尘封的心灵。绘本让生活有色彩,让生命有色彩。

生活有味道

从教以来,我一直带领班里的学生阅读,也初步尝到了阅读的甜头。2020年,除了老师的身份,我又有了一个新身份——我成了点点的妈妈。我从心里想用阅读把知识的芳香带给孩子。

点点四个月大的时候,开始爱用手和嘴探索世界了——见到玩具就会拿,见到颜色鲜亮的东西就会啃。于是,我给她买了安全的《动物尾巴布书》。她哭闹时，我给她翻看，吸引她的注意力。她看到上面鲜亮的图画，会突然变得安静，我以为是巧合。后面再给她读，她还是很乖，有时候自己还看得很出神呢！

在点点七个月时，手指精细动作得到了很大的发展，她开始用手抓握东西，对一些"洞洞"特别好奇。于是，我结合孩子的发育特点，带孩子一起读《好饿的毛毛虫》。翻开书后，她总是很想摸一摸，特别是那些"小洞洞"，好像在向全世界炫耀她习得的新本领。此时，她应该可以用听觉感知世界的丰富多彩了，我讲故事的时候，她常常会听得津津有味。

有一次，点点拉肚子，我们拿了药。这种药大人闻着都感觉特别反胃，更别说让孩子喝了。每次还没送到嘴边，她头一扭，身子一侧，小手还推搡着，有时候着急了就把药全都打洒了。有一次正好把药洒在这本《好饿的毛毛虫》上，她的目光突然停在了书上，整个人也慢慢安静下来。我于是打开这本书，不紧不慢地读着毛毛虫的故事，而她一边抠一抠洞洞，一边开心地看着图画，竟然乖乖地把药喝了，让我觉得好神奇！

亲子共读是最省时省力的一种教养方式，和孩子一起读，共赴一场阅读之旅，我也找到了一份童真。亲子共读，让生活更有味道。

阅读很美，越读越甜。我把班级共读延伸全家庭，努力让每个家庭都成为书香家庭。现在，每周一、周四晚上8点，就是我们班级家庭共读的时间。我先后在班级群里分享了《纸袋公主》《有麻烦了！》《活了100万次的猫》等绘本，好多家庭参与亲子阅读，发来了温馨的共读照片。其中有好多平时性格内向、羞于表达的学生，居然也能在屏幕那边侃侃而谈，说着自己的感受……好一派和谐的共读氛围！

久而久之，老师、家长和孩子之间有了共同的语言密码，班级更有凝聚力，亲子关系更加和谐，这一切都是因为"阅读的底色"。

好书推荐《音乐牛索菲亚》

未来，我们会继续用阅读编织共同的语言密码，用绘本这把神奇的钥匙，打开教育的大门，让教育返璞归真。

点评：

用心的老师善于坚持常态阅读，善于在活动中提升学生的阅读兴趣，把班级共读延伸到线上的家校共读，用阅读这种最简单也最深远的教育方式，静待每一朵"花儿"绽放！

阅读小贴士

1. 你真的读懂孩子了吗？用阅读建构共同的语言，架起沟通的桥梁。关于阅读，你和孩子之前有什么语言密码？

2. 你的家中哪些地方有书呢？书橱、床头、沙发上……在家中，让书成为孩子随手可得的物品吧。

3. 在班级中，你和学生有哪些语言密码？学生之间有哪些语言密码？每月不妨多开展几次班级共读活动吧，相信你们课下的话题会变得更加丰富！

推荐书单

《大嗓门妈妈》《大卫，不可以》《尼尔森老师不见了!》《小黑鱼》《纸袋公主》《换妈妈》

借助"五个一" 沉浸书香里

邢台新教育第一实验小学　李瑞芳

儿时的记忆中,最温暖的是爷爷奶奶平淡却深沉的爱,最开心的是和小伙伴们一起去撒欢儿,而印象最深刻的要数和妈妈一起读过的书。一本本小小的书,有趣生动,教我识字学词,教我穿衣吃饭,教我与人相处……点点滴滴从童年延续至今。如果你也想为孩子的童年留下些什么,那就从阅读开始吧!

初识"五个一"

2020年10月17日,这一天,是我入职一年级班主任参加的第一次校级家长会。

大会上,王校长重点解读了学校"五个一"书香工程,即一张书桌、一盏明灯、一个书橱、一次图书馆、一个爱的陪伴,"五个一"强调在孩子阅读过程中父母参与的重要性,看着身边频频点头的家长,我觉得"有戏"!有父母陪伴的阅读,那是孩子生命中多么幸福的一件事啊!

由校级"转战"到班级,家长们还沉浸在校级会议的余热中,聊得热火朝天。

"大家在家里陪孩子一起读过书吗?"趁热打铁,我果断地抛出了问题。

教室里顿时鸦雀无声。这——太出乎意料了!

"工作太忙了,想读但是没有时间。"一位妈妈惭愧地说。

"我也想陪孩子读书,但我家孩子玩心太大,一看见我拿出书就跑。"另一位妈妈无奈地摇头。

"家里孩子比较多,没有一个读书的环境,孩子也不好好读。"这位妈妈说出了环境的重要性。

三位妈妈发言后,教室里又是一片寂静。

"从刚才几位家长的发言中,我们可以大概了解到孩子不喜欢读书的原因,可能是家长没有时间,也可能是孩子本身对阅读缺乏兴趣,还有可能是没有好的阅读环境……现在请各位家长回想一下,王校长刚刚解读的'五个一'书香工程对我们孩子的阅读有没有帮助?"

教室里一时间炸开了锅。

"我觉得没什么用,平常就不读书,买个书桌和书橱,孩子就读了?太不现实了。"一位爸爸发起了牢骚。

"我觉得可以试一试,我们家老二还小,哥哥想看书,妹妹就在一旁捣乱。如果哥哥有了自己专属的书桌和台灯,有了属于自己的读书空间,就可以安安静静看书了,我觉得是好事儿。"

"我们的书桌和书橱可以不奢华、不高级,但必须是孩子学习读书的地方。"我提醒大家。

"平时出门就带孩子去游乐场了,光知道疯玩,以后可以带孩子去图书馆体验一下!"

"我们家老大现在读四年级,学校和班级一直坚持做阅读这件事,孩子从开始不主动读到现在主动读,我觉得有很大的进步。现在老二刚上一年级，我决定每天陪孩子阅读！"这个家庭中有哥哥示范引领，而妈妈的陪伴也同样很了不起。

家长们的发言由浅入深，"五个一"刷新了他们对孩子阅读的认知，独立的阅读环境、高质量的陪伴、日积月累的坚持，会让孩子自然而然地捧起书本，而不是把阅读当作一种负担。家长们的眼神也从最初的迷茫、困惑转变为坚定、期待，他们期待着，当孩子回忆童年时，记忆深刻的是那一张书桌、一盏明灯以及父母的爱的陪伴。

践行"五个一"

家长会结束后，有的家长晒出带孩子去图书馆看书的照片，并配文"第一次来，孩子很开心，希望阅读能成为你的习惯，阅读路上，你我同行"。有的家长晒出为孩子置办的新书桌和台灯，以及孩子迫不及待地坐下来看书的情景。同时班里的同学开始阅读打卡，并且自发接龙发到班级群。孩子们每天相互督促，相互提醒，阅读就这样悄无声息地萌芽生长着。

而这样宁静美好的日子还没坚持多久，就被一个电话打断了——

"李老师，我是张一鸣的妈妈。我家一鸣读书太费劲了，每天阅读打卡都是逼着读的，没读几分钟就不读了，再让读就开始哭，说也说了，打也打了，你说可怎么办啊？"电话那头的妈妈几乎是哭着说完的。

安抚好一鸣妈妈的情绪，我陷入了沉思。回想着妈妈的哭诉，想着一读书就哭的一鸣，我的心不禁一惊。在我大力推进班级阅读的形势下，有的同学是乐读、爱读，而有的同学只是为了应付老师和家长。

通过和一鸣妈妈沟通，我慢慢了解到，一鸣的父母在花卉市场工作，平时比较忙，没时间管孩子，读书自然是三天打鱼，两天晒网。但不爱读书的一鸣倒腾花草倒是行家里手。知道了这些，我想，为何不投其所好呢？于是我把《小种子》一书悄悄地放进他的书包，并写了一张纸条：

致一鸣：

每粒种子都不简单，只要你不怕慢，不怕小，像小种子一样勇敢地面对，勇往直前，一刻不停，就会开出最美的花！

第二天，一鸣蹦蹦跳跳地来到我的身边，这可与平日一读书就掉眼泪的情形大不相同。

一鸣开心地说："老师，昨天你送我的《小种子》，我很喜欢，原来不起眼的小种子也可以开出那么漂亮的花！我们家也有很多花种子，我可以带到学校吗？"一鸣的小眼神忽闪忽闪，充满期待。

"当然可以呀！"我肯定地回答，他也用力地点头回应我。

第二天，我刚进教室，就发现全班沸腾了。原来是一鸣带来了五颜六色的小花盆，并且告诉同学们小种子就睡在里面，大家好奇地围着一鸣问东问西，他都耐心地一一解答，俨然一位经验丰富的"园艺师"！

"生活需要仪式感，小种子也要有归属感，那么就由一鸣同学为每一粒小种子找到自己的'家'吧。"我趁势对大家说。就这样，每一粒种子晚上都会有专职的"家人"带回家守护。我还偷偷地告诉他们，小种子除了需要阳光和水分，还像小宝宝一样喜欢听故事，听了故事就长得更快了。他们虽然不太相信,但还是满怀信心地表示:我们一定每天给它们讲故事,让它们快快长大。

没几天,孩子们的小种子陆续发芽了,一鸣乐开了花。我继续"怂恿"他:"小伙子,故事讲得不错,小种子长得很好呀!"

晚上,一鸣妈妈的电话打来了:"李老师,你用了什么神奇的魔法?一鸣最近回家第一件事就是对着小花盆读书,这两天种子发芽了,孩子饭也顾不上吃,拿着书不停地读啊读,像着魔了一样,今天还拉着我跟他一块儿读。"一鸣妈妈的语气又好笑又好气。

读给花儿听

"那就跟孩子一起读啊!平常光忙着工作,忽视了陪伴,忽视了阅读,他不喜欢读书是没有遇到感兴趣的书,也没有读书的动力,也没人听他读、陪他读。现在小种子成了他忠实的听众,这么好的增进亲子感情的机会可不能错过!"

一鸣妈妈说:"好好好,我这就陪他读,平常是我太粗心了,忽略了孩子的感受。"挂断电话,我的脑海里是母子俩一起读书的温馨画面。

一个善意的谎言,一次爱的陪伴,一鸣同学开启了自己的读书之旅。兴趣在引领,妈妈在陪伴,他把故事读给更多更多的植物听,读给更多更多的人听。我欣喜地看到一颗阅读的种子在书籍的滋养下和爱的陪伴下生根发芽，熠熠生辉。

乐享"五个一"

读书从来不是一个孩子的事，有了一鸣的例子，我把目光关注到了更多的孩子，更多的家庭。没有书的家庭，我会让孩子每天从图书角借一本书回家阅读；没有时间陪伴孩子的父母，可以把故事录成音频，让孩子听故事，也可以让爷爷奶奶讲过去的故事；坚持阅读的孩子，会得到"阅读之星"的荣誉称号……

班级里开启"每日一读"活动，内容包括绘本、小故事或身边有趣的事，讲述人由一到十，由十几到几十，班级共读书目也由最初的几本到现在的近百本，孩子们的识字量也由最初的几百字到现在的近万字。一年级的小朋友在阅读的引领下眼中有光，心中有爱，发掘出成长的秘密。

星光不负赶路人，最新的统计数据中，我们班"五个一"书香工程践行率100%，有30多位同学阅读打卡200天以上，有6个家庭荣获校级"书香家庭"称号，同时我们班喜获"书香班级"荣誉称号。一年级的孩子虽年幼，但在爱的陪伴下，相信他们心中的阅读种子会开出最美的花！

点评：

智慧的老师，从来都能够顺势而为，把问题变为契机。面对不爱读书的孩子，老师选择了从他感兴趣的种花入手，引导他读书给种子听，爱花的孩子自然愿意为了心爱的花朵付出所有努力。于是，在种花的过程中，他也给自己种下了阅读的种子。

阅读小贴士

1. 你和孩子一起读过书吗？如果没有，就赶快行动吧！
2. 孩子不爱读书的原因你知道吗？找出原因，对症下药。
3. 除了"五个一"，家庭阅读还可以做些什么？
（1）放下手机，把有限的时间留给孩子。
（2）多一些耐心，孩子读一句，你读一句。
（3）孩子的成长只有一次，让阅读成为孩子一生的习惯。

推荐书单

《小种子》《花婆婆》《会飞的抱抱》《生气汤》《我的大喊大叫的一天！》

苔花如米向阳开

邢台新教育第一实验小学　唐静姣

"白日不到处,青春恰自来。苔花如米小,也学牡丹开。"和煦的阳光照不到的背阴处,生命依然在绿意中萌动。米粒般微小的苔花,蓄积力量,用自己的方式活成了一束光……我们班陈佳瑶的故事像极了这苔花,却开出不一样的光彩。

2021年5月30日,邢台新教育第一实验小学王翠芳校长受邀带领师生代表一行五人参加由央视财经、阅文集团、腾讯公益慈善基金会共同发起的"'益'起夜读　晚安宝贝"线上新媒体活动,共同见证了一项新的吉尼斯世界纪录。活动中我校的陈佳瑶小朋友作为儿童代表讲述了自己的家庭故事。

"大家好!我来自郭守敬的故乡——邢台。我叫陈佳瑶……"

看着台上落落大方的佳瑶,我回忆起佳瑶最初的模样:郁郁寡欢、心事重重,是什么让小佳瑶发生了这么大的改变?一起来听陈佳瑶的家庭故事……

小佳瑶的父母常年在外打工,陪伴着她和妹妹的只有姥姥一人。同大部分留守儿童一样,小佳瑶十分想念自己的爸爸妈妈,每当想得厉害时,就会独自面向父母打工所在城市的方向,默默地发呆、想心事。

陈佳瑶受邀参加"'益'起夜读 晚安宝贝"活动

"我希望,我有一双翅膀,能每天都飞到爸爸妈妈身边,趁他们休息的时候,跟他们做游戏,跟妈妈拥抱一下,一下就行。在爸爸不累的时候,趴在爸爸的肩膀上撒个娇,一会儿就行。可是,这个愿望在过年的时候才能实现,快过年时,我就天天问姥姥:'姥姥,还有几天就过年了?'姥姥总是说:'快了,快了。'可我还是觉得日子过得不够快。好不容易盼回来了爸爸妈妈,别提我有多高兴了。爸爸妈妈在家的日子,我每天第一个起床,最后一个睡觉,这样我就能多和爸爸妈妈待在一起,做我平时想做却做不了的事。可是,有爸爸妈妈陪在身边的日子就像是长了飞毛腿,一眨眼就过去了,爸爸妈妈又该返工离开了。临走时,他们总是嘱咐我,在家听姥姥的话,在学校听老师的话。我也总是点点头又拼命地摇摇头。从爸爸妈妈转身离开的那一瞬间,我的新一年的思念又开始了……"小佳瑶的发言让活动现场的所有人都落泪了。

作为教育工作者,我们想要用爱的阳光驱散她心头的阴霾,想让她和其他孩子一样拥有一个明媚的童年。然而,"爱孩子,是母鸡都会做的事",可是,怎么爱孩子,却没那么容易,尤其是面对佳瑶这样的孩子。同其他女生的活泼开朗相比,小佳瑶显得羞涩内敛、心事满满。在班级"星光榜"上,我们看到佳瑶名字下有这么几行字:学习成绩最棒,劳动值周最快,人最安静也最不爱笑。"最安静也最不爱笑"这几个字深深刺痛了我。八九岁的佳瑶,花一样的年纪,正是爱说爱笑的时候,她却总是一贯的"沉默和忧郁",真让人心疼!然而,比心疼更有力量的是行动。通过长期的关注和观察,再加上和佳瑶姥姥的日常沟通,我们破解了属于佳瑶这个特殊家庭的幸福密码。

那就是——无限相信书籍的神奇魔力,让书的光芒照亮孩子的心房!基于此,"向阳花开之佳瑶绽放记"行动迅速开启。

"堂主"开讲啦

佳瑶的心灵世界里承载了过多的思念和忧伤,我们想让她乘着书的翅膀去领略无限风光、丰盈快乐人生。通过家访,我们了解到佳瑶姥姥虽然很支持学校的"五个一"书香活动,但是姥姥年迈,又要忙于家务,妹妹年幼且不能陪姐姐阅读,佳瑶一个人读书,不仅不容易坚持,还常常读着读着就发起呆来,甚至还会落寞和神伤……为此,我们在班级开辟的"小小故事堂"活动中,邀请佳瑶担任堂主,请她负责组织同学们上台分享自己读到的或者听到的精彩故事。因为佳瑶字写得好,我们还请她完成报名登记等事宜。最开始,佳瑶羞赧又犹豫,和大家沟通时,声音小小的,表情淡淡的,为此,我们推荐她读了绘本故事《拉尔夫会讲故事啦》,希望佳瑶在拉尔夫的故事中找到力量和启迪。

"大家好，今天我给大家讲个故事，故事的名字叫……"我们看到佳瑶的手不自主地捏着衣服角，眼神闪烁，略垂着头，磕磕绊绊地讲完了故事。在她向台下鞠躬的一瞬间，我拥抱了她，祝贺她的第一个故事分享结束了。当我握住她的小手时，明显感到她的手心湿湿的，原来，我们的小佳瑶紧张到手心出汗了！我把佳瑶的表现分享给佳瑶姥姥听，并试着请佳瑶姥姥做听众，让佳瑶在家里练习讲故事，先讲给最熟悉的人听。我们嘱咐姥姥，不管佳瑶讲成什么样子，都请面带笑容地一直看着她，坚持听到底，等到故事一结束，一定要鼓掌加拥抱！日子一天天过去，在姥姥的拥抱和掌声中，小佳瑶爱上了讲故事，伴随着故事中的喜怒哀乐，小佳瑶的世界不再只有落寞和发呆。带着从故事中汲取的勇气和信心，渐渐地，佳瑶和大家的沟通越来越顺畅，声音大了起来，眼神亮了起来。

为了帮助佳瑶更好地发挥好堂主的榜样作用，我们教会了姥姥进行简单的微信操作，包括发朋友圈，和老人一起鼓励佳瑶坚持睡前阅读打卡，我们期待，佳瑶用好的故事充实自己的同时也感染别人。就这样，佳瑶在家培养讲故事能力，回到"小小故事堂"展示实力，和大家一起成长。每当佳瑶讲完一个超级棒的故事，孩子们都回报以热烈的掌声，还有很多小伙伴追问佳瑶最近在读什么书，更有小伙伴号召大家把自己家中的好书在同学之间进行交换，大家还一致推荐佳瑶担任好书轮换的统计人。

书有魔力，一旦走近它，就会有意想不到的惊喜等着我们。佳瑶从最开始"躲在角落暗自神伤"到现在"积极融入集体"，书是最好的黏合剂！更为可喜的是，在班级图书管理员的竞选活动中，小佳瑶竟然勇敢地毛遂自荐，参与竞选。

"我希望，我能当选班级图书管理员，我会很认真地做好这件事。我希望自己能像王校长推荐的《马背上的女图书馆员》中卡尔的姐姐那样，做个小书虫，分享更多的好故事给大家听……"此时的小佳瑶声音稚嫩却响亮，眼神笃定而闪亮。

在一个阳光温暖的班会上，佳瑶当着全班同学的面，擦掉了"星光榜"上自己名下的"最安静也最不爱笑"几个字，在我们的欢呼声中，小佳瑶嘴角上扬，落落大方，笑得像花儿一样……

哄妹妹神器

岁月是把双刃剑。日子一天天过去，佳瑶的阅读功底越来越厚，佳瑶姥姥却日渐衰老，妹妹则变得更调皮，需要更多精力费心陪护。有一次，姥姥腰疼得厉害，妹妹却一直哭闹着不肯睡，怎么哄也不行，姥姥只好强忍着腰疼抱着妹妹，轻拍着哼唱着，等到妹妹入睡时，姥姥已疲惫不堪。佳瑶心疼姥姥，她向我倾诉了这件事，向我求助想寻求解决的办法。思量再三，我们推荐佳瑶念童谣给妹妹听。从此以后，佳瑶做完作业和家务活之后，要么待在小书桌前自己看书，要么就是陪着妹妹念童谣，遇到不会的字，就去查字典或者借助姥姥的微信去问老师或者同学们，久而久之，小妹妹竟也能安安静静地随手翻起一本书来，看上几眼。再后来，妹妹听童谣越来越上瘾，姐姐的童谣成了哄妹妹的神器。疫情期间，佳瑶姥姥偷偷录制了姐妹俩念童谣的视频给我们看，还发送语音向我们表示感谢，隔着屏幕，听着老人不太标准的普通话，看着姐妹俩依偎在书桌前的场景，一股暖流涌上心头……

姥姥的"人参果"

佳瑶姥姥爱看《西游记》，尤其爱看"偷吃人参果"那一集，小姐妹俩也爱缠着姥姥讲这一段。在我校的一次新父母俱乐部活动中，我们按照惯例，邀请家长现场展示才艺来暖场，佳瑶姥姥就是凭借这段"偷吃人参果"的故事赢得了现场的阵阵掌声。然而，真正打动我们的不是姥姥演绎的故事有多精彩，而是故事背后的秘密。姥姥说："真要有让人长生不老的人参果，我是真想吃一个，再多活几年，就能多照顾姐妹俩几年……我知道自己老了，比不得年轻人带孩子，我啥也跟不上，跟不上孩子的心，跟不上孩子的变化。有时，姐妹俩闹起性子来，我是真没办法。不过，幸好咱有这个俱乐部活动，二妮儿（佳瑶妹妹）上了幼儿园，只要我不忙，我一准儿来。每回过来，听大家伙说说怎么管孩子，取取经，就当是吃了'人参果'了，为了孩子，我就要越活越年轻，坚持学习是好事。"佳瑶姥姥的话音刚落，现场爆发出了更热烈的掌声……我们再一次坚信：在孩子的成长之路上，陪伴是最长情的告白，家长更好地学习才会更好地去爱。

陈佳瑶的故事还没有结束，家庭生活也永远不会风平浪静，但是，我们深信，借助书的魔力，坚持书香家庭耕耘，家庭教育的田园里定会开出更多的苔米花，会结出更多的"人参果"……

点评：

无限相信书籍的神奇魔力，也无限相信孩子的潜力。是阅读温暖了佳瑶，是讲故事让佳瑶更加自信和开朗。对于留守儿童，很多老人没有太多的精力，也缺乏更好的教育方法，那么就和文中的姥姥和老师一样，陪孩子阅读、给孩子讲故事吧！

阅读小贴士

1. 从被动尝试到自发热爱，阅读实现留守儿童小佳瑶的灿烂蜕变；从自己读书，到"培养"出姥姥和妹妹两个小"书虫"，阅读架起了隔代无障碍沟通的桥梁。种下阅读苔米花，收获和谐人参果，你不妨也来试试。

2. "家庭故事堂""家庭书房""手足伴读行动""亲子成长计划"等各种神奇之旅，期待你的尝试。

推荐书单

《中国童谣》《拉尔夫会讲故事啦》《马背上的女图书馆员》《团圆》《习惯决定孩子一生》

◆ 家庭篇

读书，给了我一个新孩子

邢台新教育第一实验小学　马艺鸣妈妈　冯月

像所有的父母一样，我希望孩子健康成长，聪明伶俐。可是，当有一天他成为一个"问题孩子"时，那种令人崩溃又不得不接受的无力感，顿时让人觉得如坠入了深渊。

意外，猝不及防

我的孩子小时候聪明伶俐，思维敏捷，记忆力更是让人惊叹。三岁时他就会自己讲故事，会背古诗和《三字经》，甚至会认街上广告牌上的大部分汉字，我觉得他一定会成长为一个令人骄傲的孩子。

可是，意外总是令人猝不及防。孩子上幼儿园中班时，一次偶然事故，令他大脑受损，曾经那个聪明伶俐的孩子，连话都不会说了……他变得思维紊乱、反应迟钝、动作僵硬。作为父母，我们想尽一切办法治疗，四处求医，但整整一年过去了，治疗效果甚微。那时，我觉得天要塌了，人生已然无望。因为脑神经受损，虽然他大部分时间是安静的，但是狂躁起来真的很令人抓狂！他歇斯底里地大喊大叫，听不进去任何人说的任何话，哭到嗓子沙哑，出不来声音也不停止，有时自己哭累了，沉沉睡去，才可以安静下来。看着曾经那样聪明伶俐的孩子，变成现在连情绪都无法控制的样子，我的心碎了一次又一次。

我尝试了很多次，一直找不到好的办法安抚他的情绪，每次他哭闹，我都束手无策又苦闷不已。有一天，我读到了《公主和魔鬼》的故事，魔鬼隔一段时间就会从城堡抓走一个年轻姑娘吃掉，有一天它抓了一位公主，公主被抓后没有害怕，而是开始给魔鬼讲故事，讲了一个又一个，不知不觉过去好多天，魔鬼都没有伤害公主。最后，公主等来了屠魔勇士，除掉了魔鬼，公主终于重获自由。

看到这儿，我突发奇想，我也可以给孩子讲故事，也许，故事可以安抚他，那就让我们用故事来为他疗心吧！

故事，会让转变发生吗？

有了这个想法，我和家人商量，开始每天给孩子讲故事。从孩子四周岁开始，每天我们都会给他讲几个故事，观察他的变化。

因为大脑受损，孩子的认知也不同于同龄人，他很难在一个地方坐一会儿，也不想长时间听别人讲话。然而，我一开始并没有了解到孩子的心理需求，给他讲着长长的故事，孩子一动，我就严厉地要求他坐好。可想而知，这样讲故事，孩子很不配合，没有兴趣听，又哭又闹，每次的讲故事时间，对我和他来说，都是一种煎熬。

一次偶然的机会，我发现孩子对带图画的书比较感兴趣。那天，我在厨房做饭，听到孩子在客厅很安静，悄悄走过去一看，发现他正拿着一本堂弟的《跑跑镇》津津有味地看着。还时不时地伸出两个小拳头，一碰，说："砰！"看到这一幕我才发现，原来不是孩子不爱听故事，是我的故事不够吸引他，这个年龄的孩子更喜欢生动活泼的故事。

后来，我和孩子边读边玩，我手里拿着卡片：小女孩+小鸟。我说："哒哒哒……砰！""变成一个小天使！"孩子兴奋地喊着。看着他的笑脸，我真是开心极了！

后来，我就给孩子买了很多经典绘本，边读边玩。我们一起读《猜猜我有多爱你》，我们会一起比画着，看谁爱谁更多一点；我们一起读《逃家小兔》，一起猜小兔子还会变成什么，兔妈妈又会怎样找到小兔子；我们一起读《姥姥的布头儿魔法》，拿着碎布头儿，一起拼大象、拼热气球……渐渐地，孩子不再抵触我给他讲故事，自己也主动看起书来。

我以为，我的孩子就会这样，开心地读着，渐渐成长。可是，我忽略了孩子成长过程中的不稳定性。有一天，我高高兴兴地准备和孩子一起读书，孩子却不知道怎么了，特别不配合，他把书抢过去扔到地上，大哭大闹地喊着："不看不看，我再也不要看书了！"看他哭红的脸，连日照顾他的疲惫感全部袭来，我的耐心没有了，我冲他吼着："你干吗？不看就不看，为什么乱扔？你知道妈妈每天看你多累吗？你为什么还这样不听话！"

想想我自己也曾是职场精英，为了孩子成了全职妈妈，可是他却还是这样令人头疼，委屈、心酸一下子涌上心头，我扭头进了卧室，把门重重关上，闷头大哭，把孩子留在原地……

不知道过了多久，孩子的哭闹声没有了，我听到卧室的门被轻轻地推开,孩子轻轻地走到床边,小心地喊了一声:"妈妈……"我没有吭声。"妈妈,妈妈,我错了,妈妈,我只是……只是不想看那一本书,我想和妈妈做游戏。妈妈,你不要生气了,你还喜欢我,好不好?"

听着孩子带着哭腔的道歉,我的心一下子软了。其实想一想,孩子已经进步很大了,曾经拒绝和任何人交流,话都不会说的孩子,已经开始学着哄人了,我还有什么可生气的呢?

掀开被子,我紧紧地抱住了他。是啊,我喜欢你,我的孩子!感谢你稚嫩的语言,抚慰我疲惫的心。感谢你的一点点成长,给了我坚持下去的动力!

性格培养,阅读助力成长

随着读书量的积累,孩子慢慢变得可以和别人正常交流了,思维也渐渐完整、词汇渐渐丰富,和同龄孩子的差距越来越小,我也终于放心让孩子和同龄人一起走进校园。

入学以后,孩子所在的学校开展"五个一"书香工程,孩子老师推荐阅读桥梁书。我们开始选择《小猪唏哩呼噜》《青蛙和蟾蜍》系列、《亲爱的小熊》等新的桥梁书。故事内容的改变,文字的增多,孩子一开始还是有抵触心理,他表达抵触的方式,仍旧是哭闹。看着孩子哭红的脸,听着孩子哭哑的嗓子,我和他一样烦躁,也有一丝心疼。

孩子的哭闹,从家里延续到学校,老师和我沟通,孩子在教室上课时大喊大叫,稍不顺心就哭闹,一哭起来就停不住,非把嗓子哭哑不可,怎么哄都哄不住。听到孩子这样影响课堂秩序,我很是惭愧,嘴上不住地说着："回家一定好好收拾他！"没想到，老师却安慰我不要着急，孩子需要耐心引导。

老师对我说："我们要尊重孩子的差异性，每个孩子都有情绪，只是他们的表达方式不尽相同，有的孩子选择藏在心里，有的孩子就会用哭闹表达出来。孩子这样，证明他也很难受，不要一味打压他，要耐心引导，多做正面引导。如果不知道该怎么做，故事会告诉你该怎么办。"

听了老师的建议，我和孩子姥姥、姥爷一起研究书单，听了很多讲座，给孩子选择了一些行为习惯方面的故事书。我们期待，故事会让孩子有更多的转变。

孩子渐渐长大，我们在读书的过程中，慢慢发现了孩子的转变。

有一次，我给他买了一本图文并茂的《三毛流浪记》，刚开始他看得很开心："哈哈哈，三毛太搞笑了！""三毛怎么可以这样，傻得可爱呀！"欢笑声不绝于耳，看来他很喜欢这个故事。

可是后来，看着看着，他就开始默默掉眼泪，甚至放声大哭。我吓了一跳："怎么了？发生什么事儿了？"他抽抽搭搭地说："妈妈，我现在不觉得三毛搞笑了，他太可怜了。冬天树和狗都有衣服穿，三毛却没衣服穿，没饭吃，还经常被人打骂，可是他又很勇敢，一直努力生活，努力找妈妈，努力地想有个家，比起他我真的太幸福了，妈妈，我以后要好好努力，再也不让你生气了，我还要帮你做家务，让你不那么辛苦，我以后再也不乱花钱了，我要把省下来的钱捐给那些像三毛一样的可怜人……"

我欣慰又心疼地摸摸孩子的头，因为哭泣，他已经满头大汗。我知道，这个故事，将善良的种子播在了孩子的心里。

孩子升入四年级了，我一直期盼他能够控制自己的情绪。有一天，老师告诉我，孩子已经可以很好地控制自己的情绪了，在教室里哭闹鲜有发生。孩子情绪渐渐稳定，让我的心中又有了希望。

放学的路上，孩子对我说："妈妈，我现在不哭了，老师今天表扬我了！"我赶紧表扬他："呜呜长大了，不能总是哭了，我们是男子汉啦！"

孩子高兴地说："对，妈妈，我是男子汉啦！我知道，有事儿要说出来，不能总是哭啦！每次我生气的时候，就告诉自己'坏脾气，走开'！我就不生气啦！"听着孩子的分享，我知道，我那个控制不住情绪的孩子长大了！

是故事修复了意外给孩子带来的伤害，是坚持阅读给了我一个全新的孩子。回想孩子刚出意外时的无奈、无助，对于今天这个全新的孩子，我心中充满了感激。感谢阅读，感谢老师和家人的支持，给我坚持下去的动力！

我想，我会和孩子一起坚持读下去，继续和孩子一起，探索新世界，寻找新希望！

（指导教师：孟娇）

点评：

在家庭当中，面对问题孩子不知道该怎么办的时候，故事会告诉我们。真的很庆幸，阅读有着这样的魔力，可以让孩子打开一扇更好认识自己、认识世界的窗口。

阅读小贴士

1. 你知道吗？给孩子读故事，可以拉近亲子关系，快试一试吧！

2. 我家孩子最喜欢《跑跑镇》，你家孩子最喜欢什么书？为什么？和孩子聊一聊吧！

3. 和孩子一起列一个书单吧，没实现一天一个故事的父母要加油喽！

推荐书单

《逃家小兔》《跑跑镇》《坏脾气，走开》《苏自力的秋天》《神奇校车》《青铜葵花》

"小书虫"养成记

邢台新教育第一实验小学　王韵蘅妈妈　孔瑞西

"一个家庭中没有书籍,等于一间房子没有窗户。"阅读,是一种乐趣,而非一项任务,和孩子一同读书,更是惬意的享受。在阅读中让孩子不知不觉接受熏陶,丰富想象,让他小小的心灵充满对神奇世界的向往,在绚烂多姿的文字世界里自由自在地舒展……

它们不一样

孩子的人生刚起步,他们渴望认识世界,渴望探索自然奥秘,书本就是他们获取新鲜感的一种途径。我家里的书架上摆满了形形色色的书籍,每当安置新书的时候,我们都会一起惊叹一遍:"好多书啊,该往哪里摆呢?"即使这样,每次在街上看到有卖书的小摊子,蘅蘅还是会不由自主地停下脚步。

"妈妈,要这本书好不好?"她又看好了自己想要的一本书,昂起胖嘟嘟的小脸蛋问我。

"宝贝儿,我们家有类似的书,就别买了。"

"它们不一样!"

每当这时候,我总会表面上不耐烦,心里暗喜地用买书结束我们的争论。回家后,她会立马拿出这本书,迫不及待地翻看。我好奇地问:"两本书哪里不一样呢?"

"《我妈妈》和《大嗓门妈妈》两个妈妈不一样。"她指着封面说,"你看,《我妈妈》长这样,《大嗓门妈妈》是个小企鹅。"

"它们还有哪里不一样呢?"我继续追问道。

"《大嗓门妈妈》更有意思,这个妈妈特别厉害,能把孩子吓得四分五裂,她还是一个知错就改的妈妈,她温柔地抱着孩子说对不起,我喜欢这样的妈妈。《我妈妈》里的妈妈是个百变超人,无所不能,这个厉害的妈妈特别喜欢自己的孩子。"

听完她的话,我陷入深深的沉思。作为一名家长,我似乎太注重阅读的功利性,总想让孩子学会某些道理,因而在选择书籍时,同类教育内容的书籍我只会选择其一,却忽略了孩子的兴趣,忽略了只有"兴趣"才会让孩子的思维更开阔,才会让她关注到更细腻更深刻的东西,从书中找寻不同,并得以成长。从此,在选择书籍时,我不再过度干预孩子的选择。

我叫小海豚

女儿3岁多的时候。

"蘅蘅,我们一起出去玩吧。"小朋友邀请她。

"蘅蘅,你能帮奶奶把水杯拿过来吗?"奶奶请她帮忙。

……

每次这样喊她的时候,蘅蘅总是不吭声,或者直接说:"我不叫蘅蘅。"

"那你叫什么?"爷爷听见了好奇地问。

"我叫小海豚!"蘅蘅特别骄傲地大声说。

我们百思不得其解,还是细心的爸爸问她,才得知原来我无意中给她讲过一个海豚的故事,我告诉她海豚很聪明,没想到3岁的她居然记住了,而且很肯定地认为聪明的自己当然也是小海豚。

从那时候起,我就更加坚信一个道理:大人不要自认为孩子小,不明白事理,就不去尝试给孩子读绘本。就好像我们家,我尝试每天晚上都给女儿讲一本绘本故事,最开始给她讲的是宫西达也的"恐龙系列"。这套书里面配有生动有趣的画面,女儿看着画面,我就慢慢地跟她共读,每次她都听得很认真,听完后才肯乖乖去睡觉。一个安静温暖的晚上,我们接着读《永远永远爱你》。依旧是我轻轻地读,她静静地听,读到最后,我以为她已经睡着了,却不想扭头看她时,她俨然哭成了一只小花猫。我问她为什么哭,她一边抽泣一边说自己也不清楚,她的话上句不接下句,说着说着就这么睡着了。我又静静地看了一遍这本书,我想,感情丰富细腻的蘅蘅内心感受到的就是"爱"和"被爱"吧!

有时候忙碌了一天的我感到很疲惫,回家躺到床上就想呼呼大睡,实在是不想读了,但是看到女儿那渴望的小眼神,还是忍不住心软,在她最想听的两三个故事中选出一个开始共读……有时候已经很晚了,孩子也不提要我读故事的要求,我心里还会暗暗窃喜,今天终于可以轻松一下了,但是内心里始终有一个声音告诉我,要坚持,要坚持下去,一定要坚持下去……就这样,一坚持就是四年,女儿也从幼儿园小班的小娃娃变成了小学一年级毕业的小学生,这四年里,我们已经让睡前阅读成了深入骨髓的习惯。

"花样"伴读

很多人会问我,为什么你们家孩子肯阅读,我们家孩子在书的面前根本就坐不住呢?我想说,这个"爱上阅读"确实难,难在父母,难在坚持。

在让孩子自己爱上阅读的过程中,除了妈妈给孩子加油打气之外,还离不开爸爸的支持。为了提高女儿的阅读兴趣,也为了调整自己的心态,我和孩子爸爸协商着给女儿"花样"伴读。

三口之家共阅读

有时一篇故事由孩子爸爸、我和女儿分角色读,让女儿直观体会不同角色的区别和每个人读书时表达的不同。读《我爸爸》这本书已经很多遍了,经常是我坐在柔软的椅子上怀抱着小小的蕾蕾,她自己翻着手里的书,看着里面熟悉的画面。这时爸爸就会制造惊喜,原来手拿扫帚,头发也像扫帚的爸爸真的出现在眼前了,孩子看到后咯咯咯地笑个不停,直叫着:"我爸爸好厉害!"接着,爸爸又开始邀请妈妈一起跳舞,表情看起来确实很陶醉,虽然明知自己跳得不好,但在孩子的眼中却是"我爸爸和妈妈都好棒"!

有时,我和孩子爸爸以比赛的形式为孩子读一本书,让孩子做评委,这个时候孩子也会特别兴奋,对读书充满了兴趣,思考能力也慢慢地向纵深发展。《活了100万次的猫》由爸爸和我分别讲过很多遍,次次不同,难分胜负,因为孩子总会有新的发现,她喜欢爸爸带来的闻所未闻的新奇结局,也喜欢妈妈带来的温柔美好的故事结尾。

阅读的经历告诉我,培养孩子读书的好习惯并非一日之功,这不仅是对孩子的考验,也是对家长的考验,我和孩子爸爸会一直陪孩子把每天读书的良好习惯坚持下去,让孩子把这个习惯一直保持到今后的学习生活中,乃至以后的人生成长当中。

纪伯伦在他的《致孩子》一文中这样写道:"你们是弓,孩子是弦上发出的生命的箭矢,你无法预定他的轨迹。"因此,对于父母来说,千万不要奢望可以教给孩子什么,我们唯一能做的,是给孩子爱和自由,给他们创造一个规则与平等的环境,让孩子拥有一段幸福完整的成长经历!

(指导教师:胡燕楠)

点评：

特别难得的是爸爸也加入到亲子共读、花样伴读中，这可以让孩子体会到不同角色对于阅读的理解，也无形中让亲子关系更加和谐，让孩子更加喜欢阅读。

阅读小贴士

1. 你有没有让孩子自主选择过书籍？
2. 孩子印象深刻的是哪本书？请你一定要陪孩子读一读。

推荐书单

《女巫温妮》《长个不停的腿》《活了100万次的猫》《从窗外送来的礼物》《是谁嗯嗯在我的头上》

儿子心目中的"四大名著"

邢台新教育第一实验小学　韩博丞妈妈　翟燕薇

从未想过，儿子和书籍能成为一对密不可分的好朋友，性格还发生了翻天覆地的变化。

儿子上幼儿园的时候其实我是很困扰的，因为他很内向，缺乏自信，从来不敢大声说话，也不爱表达，就是那个躲在爸爸妈妈身后的"小尾巴"。为了改变孩子，我尝试了各种方法，比如报口才班，带他多出去串门，每天跟他聊天，咨询身边的朋友等，都收效甚微。

《西游记》篇

有一天晚上去散步，他小小的个子，蹦蹦跳跳地走在我的旁边，走着走着，看到前面不算太明亮的路灯下摆着一个书摊。他走过去，轻轻用手摸了摸其中一本书，扭头跑了。我扫了一眼，是一本巴掌大的小人书《西游记》，就花了不到五元买了下来。但是我万万没想到，就是这本小小的图画书，却给我带来了意外之喜。

当晚，他自己坐在那里把书翻得哗哗作响，不到一分钟看完，然后一甩手便随意丢在了一旁。次日，我收拾房间的时候，看到那被丢在沙发一角、稍许有些褶皱的《西游记》，心想又花了冤枉钱。我拿起书随手翻了一下才发现，上面的字孩子根本不认识。于是晚上睡觉前我试着问他:"这本书,要不要帮你读一下试试?""不要!这本书不好看,跟我想象的不一样,看不懂!""试一下嘛,我读你听,或许你会喜欢呢?""嗯……"他思考了一会儿说,"好吧!"在我的一再劝说下,他终于同意了。于是,我边读边拿他的小手指着字,孩子听得很认真,听我读了两遍才安然入睡。

第二天晚上,他兴冲冲地拿着书躺在了床上:"妈,来给我讲讲吧!"这时,他已经能认得孙悟空、猪八戒、唐僧几个人了。

之后的一段时间,每天只要没事,儿子就缠着我给他讲故事,而他拿根棍子就可以自导自演一出"大闹天宫"。看孩子如此喜欢,我便提议:"博丞,我们来开办个家庭小剧场如何?""好啊!"他话语中透露着开心和激动。于是没几天,我家就出现了这样的情形:

激动不已的儿子,手持如意金箍棒,头戴紫金冠(都是网上所买),身披紫金斗篷(我的纱巾),在姥姥家的院子里欢快地耍了起来。小手不停地来回倒腾,一会儿上,一会儿下,一会儿左,一会儿右,时而还猛地举棒打向地面:"吃俺老孙一棒!"大家都被他逗乐了。他眼珠又一转对我们说:"妈妈是旁白和唐僧,小姨是铁扇公主,姥姥是沙和尚,姥爷是猪八戒,太姥姥是念紧箍咒的!"于是大家都放下手中大大小小的活儿,来陪这个"熊孩子"演这出戏。

我开始读:"话说,唐僧一行四人来到了火焰山。"

儿子模仿猴子的动作,龇牙咧嘴地叫唤:"好热,好热!这是什么鬼地方?"

姥爷佯装怒道:"猴子,若不是因为你打翻了炼丹炉,这儿怎么会这么热呢?哼!"

姥姥安抚道:"大师兄,二师兄,还是赶紧赶路吧!"

小姨悄悄说："你们让我见不到儿子，我让你们过不去这火焰山！"一边拿着芭蕉扇（烧火做饭的扇子）使劲地扇……

整个暑假，这种剧情都在上演：从"悟空"被芭蕉扇扇得飞出十万八千里，到"悟空"被太姥姥的紧箍咒念得满地打滚；从"悟空"终于扇灭了火焰山，到"唐僧师徒四人"终于取得了真经，儿子演了又演，大家笑了又笑……

儿子已经从一开始一字不识，到每晚等着我来讲，再到后来自己能读得朗朗上口了。现在这本书虽已"伤痕累累"，却依然被儿子视为珍宝，他对西游记的热爱只增不减！从此孩子阅读的大门便被打开了，人也变得话多了起来，每天干什么都充满了热情，我看在眼里，喜在心上！

《鲁滨逊漂流记》

第一次带儿子坐火车，我有些不安，毕竟只有我带着他。

"儿子，需要我给你准备东西吗？"

"我自己来吧！"他兴奋地说着，飞快地收拾好了东西：一身他最爱的衣服，一本《鲁滨逊漂流记》，一个拇指大的小人，一个本子，两根笔。

"妈，你需不需要也带本书？"

"好的！"

8岁的孩子并没有想象中的欢呼雀跃，上车后，他淡定地向四周看了看，把包一放，书一掏，靠在小桌上看了起来，遇到不认识的字就会问我。他还偷偷写字给我："妈，我觉得带本书还真不错！"我回复他："那就好好享受吧！"我们两人一人一本书，都很享受。不觉间四个小时过去了,他很乖巧,没有哭闹,没有提各种无理要求,除了吃饭喝水、玩了一会儿之外,全程就都在和鲁滨逊做好朋友了!一本书轻而易举就消除了他的恐惧、紧张,也让他的时间变得充实起来。如果是以前,儿子肯定是走哪里都紧紧抓着我的手一刻不敢松开。现在,看着他神情自若读书的样子,看着他胸有成竹的样子,我感到一切都很美好。在有书的日子里,生活也美妙了起来!

写 文 本

第一次因为疫情不得不上网课,学校要征集优秀作品。我向儿子念着要求,儿子随口念叨:"如果,读书是一根金箍棒,我就能拿着它打败新型冠状病毒;如果,读书是一把宝剑,我就能拿着它维护地球的和平;如果,读书是一根火把,我就能用它来照亮全世界;如果,读书是一个口罩,我就能用它来保护我自己;如果,读书是千万个口罩,我就能用它来保护千千万万个人;如果,读书是一把枪,那么,我就能用它来保卫祖国,为中华之崛起而努力!"

亏得我及时录了下来,不然我都有点不敢相信,这居然是从儿子的嘴里说出来的!而这段内容竟被老师选上放在了学校的公众号上,这份额外的奖赏让孩子欣喜若狂,他表示:"还是看了书,才有的这个感觉!"个中滋味怕是只有他自己才能体会吧。后来,儿子网课上得很认真,从不用父母操心,作业也上传得很及时、很积极。

有一次,他把一首诗放在我面前,这孩子竟然改编了一首——《寻老师不遇》。

寻老师不遇

韩博丞

教室问孩子,
老师办公去,
只在此校中,
人多不知处。

我很纳闷他是怎么想起来的,孩子却说:"书上,米小圈也改过!"之后,他郑重其事地向我要求,买一个精美的本子,美其名曰:"我必须要有一个本子来记录自己——《韩博丞写文本》,以后我也要出一本书!"本子到手后,他一丝不苟地把这两个作品记录了下来。

阅读让儿子很快乐,会跟我们谈天说地,会和我们天南海北地讨论问题,这让我们也觉得很幸福。有了书的陪伴,他没有了不写作业、调皮捣蛋的问题,我俩遇事就商量着办,他会抱着我说:"妈妈,我爱你!"这样的日子,就是岁月静好吧。

《水浒传》——"大虫"来了

今年的雨尤其无情,疫情也一直未清,暴雨过后种种视频惨不忍睹,我们便一直宅在村子里。

有一天,儿子正看电视,突然噌地从沙发上跳起来:"妈,大虫来了,大虫来了!"我真以为有什么蝎子、蜈蚣之类的,惊慌失措地寻找,儿子咯咯直笑:"不是,不是。""那是什么?""大虫,大虫!"儿子笑得涨红了脸,给我指了指电视,正在播放《水浒传》。"你不是一直看动画片吗?这些你怎么知道的?"只见儿子从包里掏出来一本书，侃侃而谈："武松打虎的时候，大虫就是一只老虎；杨志买刀的时候，大虫就是一个无赖的绰号！杨志说他的刀杀人不见血，那个人非让杨志杀人试试，那个人就是'大虫'，大虫对他拳打脚踢，百般无奈之下杨志就把大虫杀死了。像高太尉，像林冲，像鲁智深……"天啊，我的儿子都能给家里人讲《水浒传》了！

一天，儿子拿着书猛地跑过来，紧紧地抱着我，眼睛有些发红。

"怎么啦？"我轻声问。

"李逵，真是一个孝顺的孩子！他要接他妈妈去梁山享福，半路去找水，妈妈竟然被老虎给吃了。"儿子给我娓娓道来，我听他说完，抱了抱他，以为故事就到此结束了。第二天早上，隐约听到门被轻轻打开，又被轻轻关住。我睡到自然醒却发现儿子没在房间里，我和他爸一打开门，看到那个小孩儿正在厨房忙活着，一个灶上烧着一口锅，底下煮着几个鸡蛋，上面热着干粮，另一个灶上热着粥，他两只小手正端着菜往微波炉里面放。看到我和爸爸，儿子笑着说："爸妈，洗手吃饭了！"

当我坐到餐桌上时才发现，饭已经被人家舀好了。"儿子，为什么妈妈的碗上盖着一个盘子啊？"

"妈，你不是爱喝热的吗？我学奶奶特意给你盖上的！"

他爸给他竖起了大拇指："儿子，长大了，真棒！"

就在这一瞬间，我被感动得一塌糊涂。这一天的早餐格外香！

从幼儿园到现在，儿子从在学校的一言不发变成现在能和同学们侃侃而谈；从《西游记》到《水浒传》，儿子从遇事爱哭的小不点变成现在遇事可以给我出主意的男子汉；从普普通通的小学生变成十分优秀的少先队员。儿子的转变，让我惊叹！儿子的成长离不开书本的滋润，阅读功不可没。

陪孩子读书吧，让他们大胆去想，大胆去写，他们就会给我们意想不到的惊喜！大家公认的四大名著我不敢亵渎，这几本也只是奠基在了孩子心中小小的四个角落，希望儿子可以乘坐读书这艘大船，乘风破浪，勇往直前！

（指导教师：马启娟）

点评：

改变从阅读开始。通过一本本经典的名著，我们欣喜地看到了孩子的成长变化。尤其是全家人根据阅读的内容开展家庭小剧场的做法，让阅读变得更加好玩、更加有趣，这种多样化的阅读方式特别值得向家庭推广。

阅读小贴士

1. 你的孩子是真的对读书不感兴趣吗？
2. 孩子读过的书你读过几本？你陪伴孩子读过几本？
3. 良好的家庭氛围也能让孩子感受到读书的乐趣，在孩子成长的路上不仅有妈妈，还有爸爸，甚至其他家庭成员哦！赶快也试着组建你的"家庭小剧场"吧！

推荐书单

《木偶奇遇记》《咕噜牛》《青蛙和蟾蜍》系列　《长袜子皮皮》《安徒生童话》

亲子阅读养成记

邢台新教育第一实验小学　郭梦欣妈妈　冯爱霞

望子成龙、望女成凤是每位家长的心愿。身为孩子的父母，更希望自己的孩子是机智勇敢，自立自强的。但孩子就如同璞玉，需要后天雕刻才能放出耀眼的光芒，否则他就只是一块石头，而教育的"雕刻师"就是我们——父母。

我的弯路，妈妈们走过吗？

儿子成为一名小学生后，开始接触到说话、写话之类的作业，可是没有平时阅读的输入，又何来表达时的输出呢？现在的孩子都是温室里的花朵，很多该经历的没有经历过，很多该看到的也没有看到过。孩子最重要的知识和经验来源，只能是浩瀚的书海，所以家庭教育的第一步就是要寻找到能帮助孩子养成阅读好习惯的方法。

在一次接儿子放学回家的路上，路过一个书店。

"妈妈，我们还有时间，在这停留一会儿吗？"坐在后座上的儿子突然问。

"不能！回家你要写作业，我还要去接你妹妹放学！"我用强势的语气回答他，全然没问他想要停留的原因。

"好吧。我只是想在这个书店挑选自己喜欢的书而已。"只听他声音微颤地说。

"哎呀!你怎么不早说?可以,可以。你快去吧,妈妈在柜台旁等你。"此刻的我就像吃了蜜糖般开心,欣慰儿子终于喜欢上了读书。

"宝贝,选好了吗?我们还要赶时间呢。"我温和的语气,让儿子悬着的心也落了下来。

"好啦,妈妈。"他高兴地向着柜台走来。

《恐龙大百科》《植物大战僵尸》《尘封千年的上古生物》,映入我眼帘的是这几本书。

"去!放回原位!立刻回家写作业。"我气狠狠地说道。儿子被我瞬间的勃然大怒吓到了。

"我知道了,妈妈。"虽然他的眼泪都快溢出来了,但还是赶紧返回去放下了手里的书。

就在我们两手空空,怒气冲冲地准备离开书店时,柜台旁一位老者用特别坚定的语气提醒了我一句:"等你意识到你的做法不对时,请一定给你的孩子道歉!"但当时正在气头上的我,丝毫没有顾上理睬,之后这件事也就随着时间的流逝被我淡忘了。

阅读路上的问题孩子

我们家是个很普通的家庭,我和爱人既没有高学历的光环,又缺乏现成的教育经验。儿子呢,在我们眼里,就是一个没有时间观念和缺乏自主学习习惯的二年级学生。

就拿每天的常规阅读来说吧,晚饭过后,就是规定的阅读时间,每天这个时候,我都要委婉地催促孩子:"儿子,吃饱了吗?"

"哈哈！老妈，今晚的菜好吃得很，我吃得特别饱。"他拍着肚皮满足地说。

"哦，那就好！那然后呢？"

"然后？什么然后？"他故作不知地反问，其实此刻他的声音分贝已经降到了最低。

"少爷，那饭也吃饱了，是不是就该看会儿动画片了呀？"

"哎哟！行啦！妈妈！您就别阴阳怪气儿地敲打我了。我去看书，哼！"说完，他就会顺手扯上一本书，趴在桌前，那两只气得快要蹦出来的大眼睛，时而盯着书本假装一本正经地看着，时而偷瞄一旁的恐龙闹钟，恨不得它立刻能用叫声来结束此次的阅读时间。

儿子种种敷衍的行为如同重重打在我脸上的一记耳光。反思这段时间，我都是用"我认为、我觉得、你必须……"的方式和孩子沟通和教育孩子的。这让我不仅认为自己是个失败的妈妈，还觉得儿子也是一个不合格的孩子，甚至一度崩溃到想放弃他。但是，正如人们常说的"坚持才能胜利"，如果我都不肯坚持帮助他成长，那有何资格要求他在成长中坚持呢？

我弯下腰来，这样说……

后来一次偶然的机会，我参加了学校组织的"新父母讲堂"才恍然大悟，更明白了书店里的老者当时送我的那句话。后来，我才得知那位老人原来是一位教育经验丰富的退休老校长。

我选出了一个时间郑重地对儿子说："宝贝，对不起，在你选择课外读物一事上妈妈的方式错了。尤其是当时我们在书店时……"

"妈妈，那一次的画面直到现在还在我的脑海里。"

"有那么重要吗?我以为你已经忘记了。"我担心地说。

"因为那一次我本以为只是买本书而已,可我随着你的一声令下就像从天上掉到地下的感觉,真的太难忘了!"

"儿子,妈妈也是第一次做妈妈,也会犯错。所以以后无论在学习道路上还是日常生活中,你能否敞开心扉和妈妈一起学习,交流?好让妈妈陪着你在磨合中一起成长,不再扼杀你对学习、对生活原有的兴趣。"在说完这些话时,我已经懊悔得流泪了。

参加校长聊书会

那一刻,我们都成长了

吃一堑,长一智。我试着用到了"一停二看三听"的方式陪伴儿子,慢慢地发现他正在悄悄地发生着变化。记得是在最近的一次外出踏青游玩时,本是早春的季节,可那一天天气却特别晴朗燥热。我无精打采,只想早些结束这次旅程。孩子或许是观察到了我的倦态,就装作若无其事地开口道:"哎呀!难道今天后羿也和我们一样去踏青了吗?"其实我已意会到他的言中之意,因为我们曾一起阅读过一本关于后羿的书籍,但常年忙碌的爱人却被儿子这突然的一句话搞得一头雾水:"后羿?你小子脑子里都装的什么稀奇古怪的想法?"

"哈哈!爸爸,你一不小心暴露了你的童年了吧,你小时候一定不爱读课外书吧?"儿子双手交叉,一脸自豪地说。

"哦哦,后羿呀!我小时候看过这个动画片,只记得他好像是一个射日神箭手。"爱人故意在儿子面前装作有些难为情地说。"笑死我了,还射日神箭手呢,爸爸,你这是动画片看多了吧。好好听我给你讲一讲这则神话故事吧。"没想到爱人的一句话让儿子打开了话匣子,一路上儿子讲得头头是道,爸爸听得津津有味。当然,我们也毫不吝啬地给儿子竖起了大拇指。就这样,不仅我们刚才的烦躁一扫而光,还给了孩子一次体会读书的乐趣和成就感的机会。

这次旅程让我深刻地体会到:在孩子成长的路上,不仅要有"滴水穿石"的母爱,还应有"点石成金"的父爱。

正确解读"教养"

最后,我想以妈妈这个角色和身份来提醒父母朋友们,一定要理智地对待孩子成长中的小插曲。比如:

孩子情绪低落时,我们可以用情感式沟通的方法;

孩子固执己见时,我们可以运用同理心事的方法;

孩子自卑怯懦时,我们要用正向沟通鼓励孩子;

孩子出现叛逆时,我们需用引导式沟通陪伴孩子。

当然,这一切需要我们父母不断加强学习才能认识到,而孩子和父母共同阅读的时间长了、书目多了，才能更好地理解妈妈日常唠叨中的爱和关心，也才更容易找到对自己有益的自我管理方法。相信只要父母用心和孩子一起阅读一本书、一起去走一段路，用心参与孩子的成长，陪伴他们的童年，和学校、和老师携手营造良好的共育环境，那么我们就不会在孩子的教育问题上留有遗憾。

（指导教师：范伟霞）

点评：

父母改变了，孩子才能更好地改变。当父母意识到自己的问题的时候，孩子的阅读习惯也在悄然发生变化，在"亲子阅读养成记"的过程中，父母和孩子也在共同成长。

阅读小贴士

1. 依据孩子的兴趣选书，尽量先满足孩子的需求。
2. 了解孩子的弱点，恰当选择相关方面的书籍。
3. 做孩子的榜样，和孩子一起读书。

推荐书单

《我的一天》《钟表山的嘀嘀和嗒嗒》《时钟的书》《时间旅行箱》《最准点的邮递员佩德罗》《与时间赛跑的大熊》

书声悠悠　明净如歌

邢台新教育第一实验小学　张蔚然妈妈　石丽红

吾家有女初长成。转眼间，妞妞已经8岁了，在她成长的过程中，一向表现得乖巧懂事，从不惹我生气。她帮我照看弟弟，是细心称职的大姐姐，但她外表看似坚强，实则却是一个"胆小鬼"。

我想害怕……

"我想害怕……"这句话出自两岁半的妞妞。比如我去厨房的路上，她会忽然扔下玩具扑向我，一边跑一边喊："我想害怕……"比如面对黑黑的公园，即使有爸爸妈妈的陪伴，她也不敢往前走一步；比如每天睡觉的时候都得"全副武装"，生怕自己被大老虎叼走……我们哄也哄了，陪也陪了，道理也讲了很多，可无论我们做什么都解不开妞妞"我想害怕……"这个魔咒。做饭、走路要抱着，玩玩具、睡觉要陪着。这样的她，着实让我抓狂。

惊喜出现在一天中午，我着急去厨房做饭，就拿出一大堆玩具，让她自己在客厅玩。意外的是，在我做饭的整个过程中，她居然没有像之前一样跑来哭闹。我悄悄去看，咦，发现这小家伙居然在津津有味地看书！

我把这个意外发现告诉了爸爸，我们俩就开始探讨起了孩子变化的原因，以及针对性的解决方法。我们都觉得，平时在孩子害怕的时候我们只是对她说"别怕别怕"，但没有真正消除孩子潜意识里对所恐惧的事物的认知，而读书恰恰可以弥补这些认知的不足。孩子对周围环境知道得多了，经验丰富了，也就不害怕了。比如孩子害怕大老虎，除了可以给她讲动物之类的书，还要告诉她老虎生活的地方是哪里、老虎喜欢吃什么、干什么等，这样她就不会担心老虎会跑到身边来了。这个发现让我和爸爸都很兴奋，于是我们就开始坚持每天陪孩子一起看书，随着妞妞知道得越来越多，果然不再去想窗外的"大老虎"了。

慢慢地，睡前故事成了我们的必修课。常常是在夜晚淡淡的灯光下，妞妞依偎在我们身边，一边听着故事，一边安静地进入了梦乡。

可是，在孩子成长过程中，想要真正解决各种问题注定是一个漫长且极易反复的过程。妞妞遇到困难的时候还是会把头埋起来，弱弱地说："我想害怕……"后来，我们又先后找到《胆小也没关系》《黑夜怕怕》《别说我是胆小鬼》等此类绘本，努力帮助孩子克服害怕的心理。印象最深刻的是那一晚——

妞妞："妈妈，我们藏在被子里怎么看书呀？"

妈妈："我们可以这样看呀（我把手电筒打开）！"

妞妞："哇……好好玩呀！这是谁的眼睛呀？在这，在这，还有这。"

虽然是第一次把灯关了，在漆黑一片的屋子里藏在被窝底下看书，但是根本察觉不到妞妞有丝毫恐惧，甚至觉得她还有点儿小兴奋。

妈妈："嘿，你好，负鼠，你在那里做什么呀？嘘……我要躲起来!"

妞妞:"我们在躲什么?"

妈妈:"夜行动物!安静点好吗?"

我们在被窝里故意挤来挤去,很开心!

妞妞:"哎呀!妈妈别挤了,你能让让吗?"

妈妈:"我们还是换个地方躲吧!"

我们从被窝里钻了出来。(没有开灯)

爸爸:"嗷呜呜呜……"

妈妈:"你听见什么声音了吗?"

妞妞:"妈妈,我想害怕……"

爸爸:"救救我!嗷呜呜呜呜……"

妈妈:"救你?(声音结结巴巴有点颤抖)你可是匹狼啊!讲到这里,我顺势躺下,开始"装死"了……"

爸爸:"好像有什么东西在追我!是个毛茸茸的大家伙,爪子,又长又锋利!"

妈妈:"我不在这里……谁都看不到我。"

妞妞看到我的样子,也躺在床上一动不动,嘴里念念有词:"我不在这里……"

再问妞妞:"到底是谁?你听见什么声音了吗?"

妞妞:"是大灰狼,不对,不对,可能是爸爸,不对,不对,有可能是别的动物。"

"哈哈哈……"欢快的笑声在这个有趣的夜晚回荡。

漆黑的夜晚我们上演了一场负鼠"装死"记。

爸爸对妞妞说:"负鼠胆子小,总是会想象身后跟了看不见摸不着的怪物,其实都是夜行动物,它们都一样,没有什么可怕的。我们也是一样,总是担心自己的身边会有大老虎、大怪物,其实都是我们自己想的,不是真的,所以也不用去害怕。"妞妞若有所思地点点头,好像明白了一些。

以《黑夜怕怕》为开端,我们又上演了很多次"绘本剧",慢慢地,"我想害怕……"这句话妞妞已经很久没有再提起,她可以自己玩玩具、睡觉,甚至在我假装害怕时,她还会勇敢地站出来说:"妈妈,我来保护你。"对于孩子的变化,我一方面感觉很欣喜,同时也特别感谢阅读,在孩子成长的过程中,能帮助她汲取这么多的勇气和力量,令她茁壮成长!

妈妈,我不敢……

时光飞逝,一晃妞妞就上小学了。我开心之余又有一丝担心,担心生性胆小的妞妞能不能适应小学生活。

因为疫情影响,入学前需要做核酸检测。以往都是我带她到医院去做,轮到她时她要使劲抓着我的手才肯配合,整个人抗拒得几乎要向后平躺下去。而这次,学校通知的是学生本人到校进行核酸检测,这让我不免为妞妞捏了一把汗。我第一时间和老师沟通了妞妞的情况,在家也提前给妞妞做了工作,觉得自己都做到位了,剩下的就看她自己了。没想到,妞妞还是哭着被老师领出来了——

"蔚然妈妈,孩子实在是不配合,别的小朋友都没事,轮到她,闭着嘴巴,怎么哄都不张嘴,没办法做。"老师也很无奈。

再看看哭成泪人的妞妞,我蹲下身子,问她:"你怎么了妞妞,不是说好了要勇敢一些吗?"

"妈妈，我不敢……"她说完就把脑袋埋到了我的身体里。告别老师，我又一次带她到医院做了检测。检测虽然做完了，妞妞还是一直在说"妈妈，我不敢……"

老师也向我们反映了妞妞平时在学校的表现，比如有些内向，说话声音小，看到动画片里的某些场景，其他同学哈哈大笑，而她居然会说："老师，我不敢看了。"胆小的妞妞没有了爸爸妈妈的陪伴，她的胆怯似乎又在与日俱增了。

一次偶然的机会，我读到了美国吉姆·崔利斯的《朗读手册》，这本书开头的几句话深深地打动了我："你或许拥有无限财富，一箱箱的珠宝与一柜柜的黄金，但你永远不会比我富有，我有一位读书给我听的妈妈。"这本书好像给我打开了一扇窗，我决定开始跟孩子一块儿朗读。

针对孩子胆子特别小的问题，老师也建议可以和孩子一起训练出声朗读，因为这样能够培养自信心。根据孩子的年龄特点，我选择了和孩子一同朗读《一年级大个子二年级小个子》这本书。

刚开始是我给她读，慢慢开始她读一页，我读一页。后来，每天的朗读成了孩子最期待的事情。有些故事，孩子虽然能认识字，但是不一定能理解，这时，我就给孩子朗读，尽量用不同的口气模仿人物对话，吸引孩子，孩子提问及时回答，让孩子觉得这是一本有趣的书。

读完了整本书，我问妞妞："你喜欢书中的谁呢？"

妞妞毫不犹豫地说："我最喜欢秋代和正也，他们很勇敢，也是很好的朋友。"是啊，秋代喜欢紫斑风铃花，他们费力摘的花被三年级的男生用车碾压破坏后，正也就下定决心要为秋代摘更多的紫斑风铃花。于是他离家出走，一个人独自步行，穿越很远很远的树林，一路上他害怕过，犹豫过，甚至想哭，但他坚持走下去，终于摘到了美丽的紫斑风铃花。

"我非常同意你的看法！"我用力点头表示赞同，"那你想不想成为像秋代和正也那样的孩子呢？"

"我当然想，可——我还是有点害怕——"妞妞低下头。

随时随地读起来

"刚开始很困难，但是我们要有战胜恐惧的信心，你的身边有爸爸妈妈，有朋友、有老师，还有很多很多爱你和支持你的人，妈妈相信你一定能像正也一样勇敢！"妞妞望着我用力地点点头。

不久，老师发起了《一年级大个子二年级小个子》班级共读，蔚然第一个站在讲台上领读，我想这就是进步的开始。为了进一步鼓励她，我们坚持随时随地朗读，遇到喜欢的书，我们都可以大声朗读出来。

在朗读声中，妞妞说话声音渐渐地大了，能清楚地表达自己的想法、能主动与人沟通交流，再遇到害怕的事情，虽然她还会说"妈妈，我不敢……"，但这样的时候正在越来越少，我相信终有一天，这句话会变成:"妈妈,我能行!"

没有哪个孩子天生完美,也没有哪个孩子天生喜欢看书,所以让孩子爱上阅读,需要我们父母以身作则,和孩子一起慢慢摸索,共同努力。陪伴是最长情的告白,陪孩子一起从书中汲取成长的力量,探寻成长的奥秘!

(指导教师:李瑞芳)

点评:

孩子的问题,总能在书中寻找到答案。父母要用陪伴共读帮助孩子一点点克服恐惧,用书香滋养孩子成长。

阅读小贴士

1. 你的孩子胆小吗?如果和妞妞一样,不妨试试我们的办法。

2. 你陪孩子演过绘本剧吗?绘本剧有趣又好玩,快来试试吧。

3. 亲子朗读,爸爸不是旁听者,也可以陪孩子一起朗读。

推荐书单

《我不怕打针!》《我能打败怪兽》《胆小的猫头鹰》《蚯蚓的日记》《穿靴子的猫》

以书为友　岁月留香

邢台新教育第一实验小学　郎泓铭妈妈　卢三英

苏轼曾言："粗缯大布裹生涯，腹有诗书气自华。"我们在阅读中走过平淡的岁月，翻看着一页页泛黄的纸张，去探索书上的故事给我们留下的力量，更收获知识带给孩子的变化。

因为儿子特殊的体质，我从来不敢在学习上对他有任何要求，甚至他能完整地上完一学期的课，对我们来说都是奢望。我们谨遵医生嘱咐，让他多锻炼，提高免疫力。我绞尽脑汁想得最多的是，他怎么才会不生病。所以我经常翻医书，学按摩、推拿……有时候他会指着书上不认识的字问我："妈妈，这是什么字？"或者指着上面的按摩穴位提出疑惑："我的也是长这个样子吗？"

他就是一个话痨，常常喋喋不休地问我一大串问题。每当这个时候，我就拉过他的手耐心地告诉他脾经、肝经、心经、肺经的位置以及怎么按摩，有什么功效。他一副恍然大悟的样子说："书里的知识可真丰富！"但那时候我只盼着他能健健康康，然后可以继续和泥土战争，与玩具为伍，和小朋友们玩得不亦乐乎。

启　蒙

随着年龄的增长，他的身体越来越强壮，学习成绩却平平。毕竟我对他是放养式的教育，导致他不论是生活还是学习上都有太多不良习惯，让他的一门心思都在玩上面了。我是文科生，酷爱读书，所以家里书籍颇多，有时书读到一半我就去忙别的事了，书就随意地摊开在桌上，也正是我那些掀开的书开启了儿子的读书之旅。

有一次，我正在看朱自清的《匆匆》，不由自主地读出声：洗手的时候，日子从水盆里过去；吃饭的时候，日子从饭碗里过去；默默时，便从凝然的双眼前过去……

他忽然好奇地问我："妈妈，时间过得这么快吗？我怎么没感觉到呢？"我蹲下身子看着他的眼睛问："就我们刚才说话的这一分钟还能回来吗？""回不来了！"他先是茫然地点点头又连忙摇头，然后他突然怅然若失地问我："妈妈，那我是不是已经浪费了很多时间？我是不是无可救药了？""怎么会无可救药呢，只不过是你原来不会分配时间，把过多的时间用在玩耍上了，那你要不要重新规划一下自己每天的作息时间？"我鼓励他说。他连连点头："我要制订作息时间表，妈妈您就是检察官，督促我进步。"

以我对他的了解，他是坚持不了几天的，不论做什么事情他都缺乏耐心，更没有时间观念，玩的时候就彻底忘记了时间，我甚至都能预测到这个计划的"夭折"。但我转念一想，这又何尝不是锻炼他的机会，让他自己建立时间观念，自己学会管理时间呢。

他说做就做，拿出纸与尺子认真地制订自己的计划表，甚至还用尺子画好表格。看着他煞有介事的样子，我说："如此费尽心思制订的计划，如果夭折了真是可惜了！"

儿子一听两眼瞪得圆滚滚："妈妈，你小看谁呢？我是男子汉一言九鼎，说到做到！不信，咱们走着瞧！"

看着他涨红的脸，我心里暗自得意，激将法奏效了，我的《孙子兵法》也不是白读的。

他和我一起研究他深思熟虑制订的计划是否可行，我说："说起来容易，做起来难，而能做到坚持才是更难的。"

他目光炯炯有神，信誓旦旦地说："妈妈，你要相信我，我一定能做到的！"

第一天早晨他六点准时起床，拉着我一起在小区跑步，看着汗流浃背气喘吁吁的儿子，我问他感觉怎么样。

他说："呼吸着清新的空气，感觉动力满满！"毕竟平时不怎么运动，没过一会儿他就跑不动了。他半蹲着大口喘气："不行了，妈妈，我实在跑不动了！""要不，我们回去吧？来日方长，明天继续锻炼！"我征求他的意见。他迟疑了一会儿，还是斩钉截铁地说："不行，妈妈，就是走，我也得锻炼半个小时，我相信我能坚持下来。"

就这样，我们半跑半走运动了半个小时。回到家，他洗罢手和脸就开始晨读，他的计划是星期一、三、五读语文，星期二、四、六读英语。我听着他大声朗读课文，刚开始磕磕绊绊，甚至需要时不时跑出来问我读音，有时听到他读错了我会纠正他的读音，让他注意语速与语调。

他疑惑地问："语调有区别吗？我读音都对了。"

我适当给他点拨："你看到我给你买了心爱的玩具，你是什么心情，你的语调是怎样的？当我批评你时，你又是什么心情，你说话的语气一样吗？"

他想了一会儿说："我高兴时，心情愉悦，所以语调也是激昂的；你批评我时，心情沮丧，语调当然是低沉的。"说完他就跑回书房继续读书了。

七点半我们吃完早饭,我随口说:"帮妈妈一起收拾碗筷吧?"我以为他会拒绝,因为平时这些事都是我的"专利"。

没想到他欢快地答应:"妈妈,我帮你洗碗吧。"

我稍微迟疑了一下,高兴地答应了,是应该锻炼他了,毕竟他已经长大,不能再拿他当小孩子看了。我胆战心惊地看着他摇摇晃晃地把碗放到水池里,笨拙地用洗碗布清洗碗筷,心里很欣慰,也更坚定了自己的想法:孩子必须要成长,因为总有一天,他需要自己去飞翔。他洗好碗筷,颇有成就感地向我炫耀:"妈妈你看,我可以做到的。"

"对呀,你是潜力股,你可以做很多事情。"我赶紧"拍马屁"说道。就这样,第一天,他严格按照时间表度过了充实的一天。

第二天,六点闹钟响了,可是他还没有动静,我推开卧室门看到他正睡得香甜,说实话有点儿不忍心把他叫醒,毕竟他们正是贪睡的年龄。

可是为了磨炼他,我还是硬着头皮把他叫醒了,他睁开惺忪的双眼:"怎么了,妈妈?我很困,我想睡觉。"

"我们不是要去跑步吗?你前天不是制订了计划吗?你昨天完成得很好,今天需要再接再厉。"他腾地从床上坐起来,飞快地穿好衣服。

边跑我边问他:"经过昨天一天的实践,有什么感想?还想继续履行自己制订的计划吗?"他坚定地点点头:"当然了,君子一言,驷马难追!"

迎着朝阳,看着朝气蓬勃的儿子,我感觉生活充满希望。后来只要我稍微晚一点,他就催促:"妈妈,时间在你多睡一分钟的时候已经过去了!"但是好景不长,我的预测应验了,他不再严格执行自己的作息时间表,还学会了自我安慰:我就多玩一分钟,明天我就多学习一分钟,一分钟没什么的。他总会给自己找各种理由多看电视、玩手机、玩游戏……开始的时候我会提醒他:还有几分钟你就该做什么了。但我很快意识到这不能从根本上解决问题,他还是完全依赖于我,对时间没有真正的概念。没有时间观念,更谈不上管理时间。

坚　　持

说起来容易做起来难,付诸行动更是难上加难。因为他不能坚持,我吼过他,甚至打过他,但效果不明显,甚至他都有了抵触情绪,不愿意和我交流。这让我不得不反思自己,是不是方法不得当……恰好学校举行了"青吟·新父母讲堂"活动,通过老师们的讲解,我也意识到了自身的问题,在活动中我学到了和孩子沟通的正确方法,我选择了最直接的方式——以书为友,让他从书中了解更多,汲取更多的知识,包括如何管理时间。

我陪着他一起读了《钢铁是怎样炼成的》,我问他:"你觉得保尔·柯察金的什么地方最打动你?"

他很认真地回答:"他有钢铁般的意志,保尔·柯察金虽然身体残疾,双目失明,但是他从来没有放弃革命事业。"

"你认为人生的价值是什么?"我接着问。

他引用了书中的原话回答:"人的一生应当这样度过:当一个人回首往事时,不因虚度年华而悔恨,也不因碌碌无为而羞愧;这样,在他临死的时候,能够说,我把整个生命和全部精力都献给了人生最宝贵的事业,为人类的解放而奋斗。"

我很欣慰地说:"只要不虚度光阴,全身心投入你认为对的事情上,就是人生的价值,妈妈为你感到骄傲!"他眼神坚定地点了点头。

我拿自己的例子给他说:"你看妈妈,为了在你需要的时候照顾你,暂时放弃了工作,这也是妈妈的人生价值,只不过每个人的人生价值体现在不同的方面。现阶段你的主要任务就是好好学习,同时要有一个好的身体。身体是革命的本钱,能让你有更充沛的精力去学习,所以你需要养成自律的生活习惯,好的习惯受益终身,你做好了就是实现了自己的价值。"

此后一段时间,虽然在闹钟响了之后他还会挣扎几分钟,但最后都会一骨碌爬起来,加快穿衣速度,有时边跑边系扣子,虽然偶尔也会撒娇:"妈妈,我跑得腿疼,妈妈,我腿抽筋了……"但看到我依然坚持跑,他就会跟着我一步一步跑下去。我有关节炎,上下楼都有些吃力,但为了儿子我也在坚持,跑完步我就需要给自己的腿贴上膏药,否则第二天我就没办法继续运动了。看着我扶着楼梯下楼,他说:"妈妈,你不用陪我跑步,我自己可以的。"虽然儿子体贴我,但我想参与到他的生活中,言传身教也是重要的教育。

我做饭时,他会跑到厨房帮我择菜,替我洗菜。他在学做简单的饭菜时,即使不小心被油烫红了,也不会红眼圈,而是骄傲地说自己是男子汉大丈夫,这点儿伤不算什么。吃完饭他还会主动帮我把碗筷收拾到厨房,把餐桌抹干净;洗完澡他会把自己的衣服洗干净;他还主动承包了家里打水的任务,宣称家里的重活他也要承包。

我更加坚定地认为,教育不仅是关心孩子的学习,而是体现在孩子成长的各个方面。我想让他做一个有责任心的人,有担当,有目标,能实现自己的价值。

当阅读了海明威的《老人与海》，我们更深刻地感受到了"人可以被毁灭，但不能被打败"的硬汉圣地亚哥的光辉形象。

我问儿子："能否有坚强的意志，自己管理时间？"

他虽然迟疑了一下，但最后还是坚定地说："我可以的，我要像鲁迅一样珍惜时间，更要向海伦·凯勒学习她坚强的意志。因为一时的困难和逆境并不可怕，最关键的是我们最终的选择。选择懦弱，将一事无成；选择坚强，将无所畏惧。"

但很快，我们又有了分歧。因为临近期末考试，我想让他全身心投入考试，他却一门心思要报考"希望杯"。"希望杯"的难度系数很大，并且需要在放学后去补课到八点半，回家吃完饭，再开始做学校的作业。要是往常我早就河东狮吼了，武断地替他做决定。可我想到儿子和我说过："妈妈，你和我一起看看《淘气包马小跳》吧，你看看人家的父母是怎么对待孩子的。你总是那么爱生气，马小跳虽然很淘气，但是他最后却是最出色的市长。你要相信我，我会做好自己决定的事。"

我和儿子一起商量了这个问题，我把面临的问题给他摆出来，他也把自己的立场说出来："我一定要去学'希望杯'，我想试试难度系数大的考试，并且保证不耽误学校的课程。"

于是每个周四，就成了我们最忙碌的一天。六点二十接了他，六点半他就要开始补课，到家吃完饭再开始写作业，往往都到十点半甚至十一点了。有时我于心不忍，问他："要不我和老师说一下，作业你少做点儿吧。""不用，我自己做的决定，就必须自己承担这样的结果，我答应过你的，就不能言而无信。"

儿子的话让我很欣慰，我欣慰他的成长，更庆幸自己在他的成长路上，不是绊脚石而是引路人。希望我们每个家长都能俯下身子，听听孩子的声音。

蜕　　变

自从他爱上书，我们家也成了书的世界。当家里的书不能再满足他的需求和渴望时，我们就开始奔赴图书馆。在图书馆找一个地方，捧着一本书，在午后的阳光下一坐就是一下午。有时候，我们也会为主人公的故事争论半天，他喜欢武艺高强的武松，我却更喜欢羽扇纶巾的诸葛亮，他读他的《三十六计》，我看我的《断舍离》……虽然还会有分歧，但是我们已经学会了商量着解决问题。我们之间也越来越融洽了，他有什么事都会找我商量，家里鸡飞狗跳的情景再也没有出现过，而他的成绩也在慢慢地提高。

涓涓细流汇聚浩瀚，滴滴微水蕴成大海。培养孩子读书的习惯，身教的魅力不可低估。我从来不会在他读书时刷手机，而是捧着一本书和他一起安静阅读。我们家每天八点半到九点半都是读书时间，我会看他推荐的《笑猫日记》《哈利·波特》，他也会读我推荐的晦涩难懂的《史记》，不懂的地方就让我给他解读。

当他读了《没伞的孩子，必须努力奔跑》后，感慨地说："妈妈，我也要通过自己的努力，得到自己想要的生活，更要让你和爸爸过上幸福的生活，所以我得规划我的生活，而不是得过且过，做一天和尚撞一天钟。没有伞的孩子，只能靠自己的双腿努力奔跑。人生就是如此，你不勇敢，也无人能替你坚强。"在那一刻，我确实感觉到了儿子的成长，他不再是任性的孩子，有了自己的思想，会为了自己的理想而奋斗。除此之外，他还学会了规范自己的生活，生活变得有规律了，不用我再去提醒他、催促他，他甚至还会制订好自己的学习计划。

其实，根本没有所谓的"坏孩子""不听话的孩子"，孩子就是一张白纸，你怎么绘画，他就呈现怎样的色彩。自从他开始自律，学习成绩也在稳步上升，在期末考试中数学成绩接近满分，原来的弱项语文也有了很大的进步。他把自己的奖状小心翼翼地贴到墙上，我问他有何感受，他说，很开心，也很感动书籍带给他的变化，让他明白了自己的人生目标与价值。

（指导教师：刘艳冰）

点评：

父母是孩子最好的榜样，爱读书的妈妈把读书的种子种在了孩子的心里，孩子以书为友，在书中汲取养分，不仅让自己的意志力更加坚强，也学会了该如何为自己的决定负责。

阅读小贴士&推荐书单

1. 当孩子做事犹豫不决、不勇敢时，可以阅读《钢铁是怎样炼成的》《老人与海》《假如给我三天光明》《斑羚飞渡》《哈利·波特》《小英雄雨来》《抗日英雄的故事》。

2. 当孩子喜欢研究时，不妨让他看看《福尔摩斯探案集》《天眼》《疯狂科学探险队》《十万个为什么》。

3. 当你想让孩子感受生活时，可以让他读读《平凡的世界》《城南旧事》《骆驼祥子》《草原上的小木屋》《青鸟》《窗边的小豆豆》《怪老头》《乌丢丢的奇遇》。

4. 当你想让孩子保持童心不泯，可以让他看看《米小圈上学记》《淘气包马小跳》《笑猫日记》《没头脑和不高兴》《三毛流浪记》。

阅读丰盈生命

邢台新教育第一实验小学　贾梓轩妈妈　刘婷

我们常说"读书改变命运",但这对于还是孩子的轩轩来说,还很难理解。但是坚持读书,让轩轩以及我们这个小家庭都发生了可喜的变化。

喜　悦

"恭喜贾梓轩同学!你的征文获奖了!"老师将奖状和奖品递给了轩轩。

"快让我看看!你可真厉害呀!"

"贾梓轩,你可真棒!"

"贾梓轩,我要向你学习!"

孩子们围在轩轩身边叽叽喳喳个不停,与她一起分享喜悦。

当老师将这一幕告诉我时,我也为孩子感到开心,也很感谢老师的指导。而轩轩这次征文可以得奖,与她爱读书的习惯分不开。

启　蒙

记得轩轩上幼儿园时,每天晚上都吵着让我们给她讲故事才肯入睡。

同学们争相欣赏贾梓轩的获奖证书

"妈妈,我睡不着……"她总是眯着眼睛,笑嘻嘻地说。

我一看她的表情就知道她又想让我给她读故事书,故意问道:"轩轩怎么了,是不舒服吗?"

"不是不是,妈妈我想听你讲故事,就讲两个行不行?"她噘着小嘴开始撒娇。

"真的就只讲两个故事啊?"

她点点头,其实每次都听个没完,直到困得睁不开眼才肯睡觉。

偶尔带她到图书馆或者书店,她总会挑几本自己喜欢的书。小书桌放不下了,我就给她放到了一个整理箱里。

她喜欢看绘本里的图画,像《蚂蚁吃西瓜》《我爸爸》《妈妈,买绿豆!》等,边边角角都看得特别认真,也很爱提出各种问题,偶尔看到幼儿园老师教过的生字也会很自豪地说出来。

"妈妈,这本书里有好多我认识的字!"

"妈妈你看看这是不是豆子的'豆'字……"

她也经常拿着故事书，叽里呱啦地讲给弟弟听。读书，带给轩轩很多乐趣。

引领与陪伴

轩轩上了一年级，学校召开家长会时，王校长提出了"五个一"书香工程，号召大家营造书香家庭的氛围。

在王校长的带领下，我重视起孩子的阅读。我为孩子添置了一个小书柜，又给她买了一些书。并且，为了影响她，下班回家后我也会拿出我工作需要看的书籍看上一会儿，这时，她也会想起看她自己的书。

语文老师也为孩子们推荐了不少优秀读物，我们都会给孩子准备，像《爱心树》《爷爷一定有办法》《母鸡萝丝去散步》等，每天睡前她都会读一会儿。刚开始她的识字量很小，很多字都不认识，就由我们读给她听，而一些没有文字的绘本，她不仅可以看图理解情节，还会被故事惹得开怀大笑，甚至在读完后兴奋地讲给我和她爸爸听。

后来，当遇到不认识的字或者不理解的词语时，她就变身成小话唠了。"妈妈，这是什么字？""妈妈，这个词语是什么意思？"每当这个时候，我就和她一起翻查字典，让她不仅能积累更多的词汇，也掌握了一些获取知识的方法。

有一次，我在外面，她用爸爸的微信给我发了一张照片，竟是她给我写的一封信。

亲爱的妈妈：

您好，这些年您陪伴我长大，小时候，您教我吃饭、穿衣服、洗脸，我现在长大了，您又开始教我读书，陪我写作业，我有错题，您都会一遍又一遍地给我讲。

等我长大成人的时候，您变老了，我也能像您陪我一样，等我找到工作的时候，我会拿钱来照顾您的。

亲爱的妈妈，祝您身体健康，开心快乐每一天。

当时她是一年级的第二学期，虽然信中有错别字，还有拼音，但是表达清楚，用词准确，太让我惊喜了。

等到轩轩上二年级时，小书柜里已经放了20多本书，她也已经认识很多字了。

语文课本上有看图写话，我发现她在写话时，可以把她曾在书中看到的类似的语句运用上，这让我十分欣喜。到了周末，我就会带她到图书馆待上半天，让她读喜欢的书，也会给她借几本拿回家读。

我和她爸爸因为工作需要参加职称考试，所以有空就会看书学习，孩子看在眼里，记在心里，无形之中也提升了自己的读书兴趣。她总会说："爸爸妈妈，你们看书啊，我也一起看！"

考　验

二年级下学期，受疫情影响，我们去图书馆、新华书店等场所的次数有所减少，但是只要有时间，我就陪孩子在家读书，后来即使工作繁忙，我也会通过电话督促孩子在家里坚持读书。

我和孩子爸爸都是医生，都奋战在抗疫一线，长时间不回家，更别提陪孩子一起上网课了，而孩子奶奶也只能照顾她的生活。我们心里很担忧，因为听说很多孩子在这段时间缺乏自我管理能力，不按时上网课，不写作业。轩轩毕竟才是个8岁的孩子，没有了老师和家长的督促，她能管理好自己吗？

抽空联系了班主任老师了解情况，轩轩的表现大大出乎我们的意料，她不仅能够认真上课，作业也完成得很好，轩轩是班级里学生们的榜样！我问她："轩轩，喜欢上网课吗？"

她回答："上网课感觉不太适应，回答问题、提交作业都很不方便，但是我也会好好学习的。我记得您以前给我讲过《假如给我三天光明》的故事，海伦双目失明都能坚持学习，我要学习她不屈不挠的精神。"

"你真是爸爸妈妈的好孩子！"我由衷赞扬。

"嗯，老师还让我们看了《你好，安东医生》绘本，爸爸妈妈你们真辛苦啊！我们还看了《长大以后做什么》，我们现在做好自己的事情，认真学习，也是为国家做了贡献。"孩子的回答令我既感动又欣慰。

轩轩还给我和她爸爸画了一张海报，并写了一封信：

亲爱的爸爸妈妈：

你们好！我有一些话想对你们说：我已经长大了，可以做一些力所能及的事，比如自己完成作业，做一些家务活等。

在这次疫情防控中，你们为大家舍小家，坚持在一线工作。放假期间没有时间陪我和弟弟。但是我知道，你们很辛苦，而且是为了大家，为了我们。

你们在我心中是最棒的，你们是我的榜样。今后，我要努力学习，争取为祖国做出贡献。

此致

敬礼

你们的女儿：贾梓轩

2020 年 2 月 24 日

看着孩子工整的字迹，我的眼泪在眼眶里打转，虽然心疼孩子，觉得因为生活现实不得不早早懂事，但更多的还是自豪。孩子因为读书多，遇到事情可以有自己的思考，不仅能理解老师的话，还能更加体谅父母。

调　整

孩子在长大，我们的要求也在提高。有一次我抽空检查轩轩的作业，发现她的作文虽然语句通顺，但是语言有些平淡，缺少新鲜感，也缺乏底蕴。我有些着急了，回想孩子看的书也不少，但其中有相当一部分是关于动画片的书，比如《冰雪奇缘》《小公主苏菲亚》等，缺乏优秀绘本，这对提高她的写作水平没有帮助。于是我开始试着把购书的重心转移到一些优秀的儿童文学读物上，这些经典图书不仅有优美的语言、精彩的故事，还能大大提升孩子的阅读兴趣，尤其所用的表达方式也是孩子容易接受的，可以帮助孩子从中汲取丰富的营养。慢慢地，我发现孩子的作文有些变化了，从刚开始只能写出几句话，硬凑字数，到写得停不下来。

到了三年级，我开始给孩子买一些字数比较多的桥梁书，这类书中间也会有一些插图，可以避免孩子直接面对大量文字的时候，对读书失去兴趣。有时候碰到书中没有插图的段落，我会鼓励她："轩轩，你按照自己的想象去画一幅插图，或者你闭上眼睛，把想象的画面为我们描述出来。"

我也会提示性地问她："你的脚下是什么呢？远处看到了什么？一片片森林里有谁在跟你躲猫猫？"

我觉得这是一件一举两得的事情，不仅使孩子在描述过程中提升了表达能力和写作能力，还能让家长和孩子进行心灵的沟通，实在是一件很有趣的事。

坚持与成长

奶奶旅游归来说道："轩轩，快来看看我给你带回来了什么礼物！"

"呀！是书！我太喜欢了！谢谢奶奶！"

家人爱看书，爷爷奶奶外出旅游给孩子带回的纪念品也常常是书，现在，书已经是轩轩最喜欢的礼物了。

小书桌变成了大书桌，小书柜也填满了肚子，近百本书快要放不下了，轩轩也经常会和好朋友交换书来阅读，甚至有时候还会拿着爸爸的书和同学一起看。书成了孩子和外界交流的纽带，书丰盈了孩子的精神世界。读书，让她得到了很多精神上的满足。

有了输入，输出也是自然而然的事情。前几天语文作业中有一个小练笔，她写了《假如我变成了星星》：

如果我是天上的星星，那该多好啊！我可以不写作业、不考试、不学习，在天上只是玩儿。

我要在晚上悄悄地变成星星，慢慢地飘到天上，找玉兔和嫦娥姐姐玩游戏。我飘到天上认识了月亮姐姐，正当我们尽情玩耍时，我忽然看到了站在窗边的妈妈，妈妈正在看向天上，我觉得妈妈好像看到了我，我的心扑通扑通地跳着。妈妈是因为我没有完成作业而紧锁眉头吗？

"妈妈，你想要和我们一起上来玩吗？"我问妈妈，妈妈却不回答我，我向她招招手，她还是没有看到我，我有些失落。我好想飘到妈妈身边，让妈妈坐到我的背上，我带着妈妈飘到天空中一起玩耍，一起听月亮姐姐唱歌，一起猜嫦娥姐姐出的灯谜，一起跟玉兔赛跑。

"快起床了，上学要迟到了！"是妈妈熟悉的声音，原来这是一场梦，我起床抱了抱妈妈，我还是喜欢和妈妈在一起。

当时我就忍不住说："轩轩，你写得太棒了！你的想象力真丰富！我很喜欢你的小作文！"

"真的吗？妈妈，我也觉得我的想法很有趣，我之前还怕你批评我呢！"

因为这只是一次小练笔，并没有太长的时间去思考，但是孩子写出了内心的感受，这是很大的优点。我不会因为她心里不想写作业，只想着玩而去批评她，毕竟她还是个孩子，心里应该装有一些美好的梦。

因为爱读书，孩子越来越优秀，在班里是小班长，成绩也总是名列前茅，而我也受邀去学校交流孩子的教育经验。我和孩子爸爸也因为爱读书，事业越来越顺利。

我们陪伴着孩子，孩子陪着我们，明亮而微黄的灯光洒在家人的身上，洒在各自的书上，无须语言交流，默契都在眼里、在心里了。

阅读，成了我们家最温馨、最幸福的事情。

（指导教师：耿贝贝）

点评：

读书真的可以"改变命运"吗？轩轩和妈妈的读书故事，给了这个问题肯定的答案。这里所改的"命运"，是孩子成长中因为缺少阅读而导致的精神贫瘠之"命"，是因为缺少阅读而导致的语言匮乏和表达能力不足之"命"。因为阅读，孩子人格健全、学习优秀，父母工作顺利、日益精进，这不就是家庭最幸福的样子吗！

阅读小贴士

1. 你家里有书桌和书橱吗？快点行动起来，营造家庭书香氛围吧！

2. 你一周在家阅读几次？以身作则，让孩子看到你在阅读，孩子会向你学习哦！

3. 请爸爸妈妈陪孩子阅读，让孩子的阅读过程尽量有趣吧！

推荐书单

《母鸡萝丝去散步》《猜猜我有多爱你》《爷爷一定有办法》《勇气》《小猪唏哩呼噜》《洋葱头历险记》

阅读，让生命欢喜

邢台新教育第一实验小学　王诗萌妈妈　陈美月

我们的家庭是一个伴着浓浓书香的快乐之家，我们崇尚快乐读书。读书给我们这个家庭增添了无限乐趣，我们在阅读中共同成长、共同提高。

"你是最令我骄傲的女儿！"这是我最想对我的宝贝女儿诗萌说的一句话。

幸福的种子

那是一个美好的开始。那时，诗萌还是一个婴儿，给她断奶，她总是哭闹不止，不会唱摇篮曲的我便给她念诗，她竟奇迹般地慢慢安静下来。难道对孩子来说，妈妈念诗的声音就是世界上最动听的声音吗？

后来她咿呀学语，我开始试着给她读绘本，牵着她的手到故事王国去旅行，到神奇世界去冒险，到浩瀚宇宙去翱翔……我很开心地将这些故事一句一句读给她听，就像播下一粒一粒幸福的种子。当一粒粒种子在她的心中扎根时，我们之间便有了最默契、最独特的联系。

她长大了一些，牵着我的手，非缠着我给她读书、读绘本，一直读到我口干舌燥。顾不上她的时候，她学会了自己翻书，边翻边嘟嘟嚷嚷，好像自己在给自己讲故事。后来，听我读的故事多了，往往边听我讲，还要边看着插图和文字，就这样，她认识的字越来越多，慢慢地，她可以自己看一些漫画书了。再后来，有时她读我听，有时我读她听。那是我们多么温馨、快乐的记忆啊。

每本书读过之后，我们还会讨论其中的道理。我期望通过这种方式，让她在欢乐和温馨的环境中明白什么是对的，什么是错的，什么是应当做的，什么是坚决不能做的。

小书虫成长记

播下的种子在长大，她变成了一个小书虫。

拥有第一本漫画书的时候，还是小不点的她，就趴在地上忘乎所以地看起来。记得有一次给她买了一本《父与子》，书拿回来以后，她也是趴在地上兴致勃勃地看，不时还会笑出声来。就这样趴了两三个小时，连吃饭也叫不动。还有一次，我带她买书，回来的路上还没走到家，她就在楼下就迫不及待地看了起来。

后来，小女孩爱上了童话故事，于是每晚睡前，我将书给她，让她边自己翻书边听我讲《白雪公主》《天鹅湖》《冰雪奇缘》等童话故事。到了六七岁时，她对故事就有了自己的喜好——神话传说。于是，《山海经》《西游记》《宝莲灯》《封神演义》等少儿读物一本一本地搬进她的小书房。每当放学回家或周末闲暇时，她总能安静地坐在她的书房里，翻看她的故事书。遇到好奇的问题时，家里的每个角落都能听到她提问的声音，有时我也会进行有意识地反问，从而引发她对书中内容的深入思考。

上了小学以后，女儿的识字能力和阅读能力都提高了不少。我开始给她买整套书，十来本书她几天时间就可以看完。每当寒暑假来临，对于她，对于我们家，可真谓书香飘溢的最好时光。这个暑假我又给她买了《故宫里的大怪兽》和《拉塞—玛娅侦探所》两套书，她都很快读完了，我真是惊叹她对读书的热爱！

玫瑰鹦鹉螺和玫瑰鹦鹉

"妈妈，你知道这是什么吗？"她指着一张图片神气地问我。原来她是看了几本关于科学启蒙的书来考我了。

"这……我可不知道。"

"哈哈，这是玫瑰鹦鹉螺和玫瑰鹦鹉。"她非常喜欢跟我分享在书中得到的知识。

日复一日，她愈发爱笑、愈发爱表达，也愈发爱家人。她常常会把从书中看到的一些奇闻趣事讲给我听。当我工作繁忙的时候，她还会给我讲个笑话或是出一道脑筋急转弯，让我在紧张之余享受天伦之乐，放松心情。

而我也会跟她一起学习、成长，一起感受读书的乐趣。我更希望她能从书中得到无限的欢喜、智慧、希望、勇气和信心。

书香浓郁满屋堂

是什么时候，我们的家拥有了一个小小图书馆呢？

也许是从她还不识字，就开始忘乎所以地看漫画书的时候？

也许是从她边看插图边学着猜字、读书的时候？

也许是从她上了幼儿园、学习了拼音和拼读，开始自己读一些短

我家的小小图书馆

篇童话故事的时候？再也许就是在我们的支持下，一本一本的书籍进驻她的书房的时候？

总之，现在的家里，她拥有一个专属的宝藏空间。丰富的图书让她翱翔在书籍的海洋里，享受着读书带来的无限快乐。只要一有时间她就捧着一本书看，上厕所时看，洗完澡吹头发时看，睡前只要不催她就会一直看。

在孩子的带动下，爸爸也爱上了读书，下班后的晚上或者周末休息时，我们家的大多数情景是，各自捧一本书，沉浸其中。看书读报已成为我们家一项不可缺少的活动，书本成了我们家最宝贵的财产。

最是书香能致远。我最骄傲的女儿，她曾告诉我关于她的梦想——做个编织故事的作家。希望她能坚持自己的梦想，有一天，可以自己写故事给小朋友们看。

唯书有色，艳于童年；唯书有华，秀于成长。她畅游在书海中，经历着最多彩的童年，描摹着最精彩的未来。"妈妈想做棵大树，而你就是树上快乐的小鸟。我会用生命的绿荫来保护你的热爱，支持你的梦想。清风徐来，我仿佛听到了你婉转的歌声。"我亲爱的女儿，我想对她说。

"图画书对幼儿没有任何'用途',不是拿来学习东西的,而是用来感受快乐的。"很喜欢松居直《幸福的种子》里的这句话,让我们在和孩子一起阅读的过程中,充分领略那种美好。也愿孩子们一生与书为伴,行在正确的路上,做到仁爱、喜乐、和平、忍耐、恩慈、良善、信实、温柔、节制。

(指导教师:乔姗姗)

点评:

我们看到更多的案例是怎么引导孩子去读书,但这个案例却告诉我们读书是自然而然发生的。就像一个婴儿出生就会吃奶,就像孩子到了1岁左右就开始牙牙学语,我们最初给他看到什么、听到什么,他就会成长为什么。这当然离不开父母创造的家庭环境,父母榜样示范,所以与其到3岁以后引导孩子读书,不如从孩子一出生就创造一个爱阅读的家庭常态。

阅读小贴士

1. 各位家长,你喜欢读书吗?要知道榜样的力量是无穷的!
2. 当爸爸妈妈和孩子共读一本书时,孩子会觉得这是一件非常快乐的事情,所以请让我们给予孩子一个温暖的陪伴吧。

推荐书单

《笨狼的故事》《了不起的狐狸爸爸》《月亮小时候是个女孩》《蚂蚁和西瓜》《下雪天》

第三章 区域

书香太行 促进家庭教育赓续发展

邢台市信都区在阅读实践中的有益探索

在家庭、学校、社会组成的三位一体教育机制中，家庭教育作为教育的起源地，其重要性被越来越多的人所肯定。为认真落实习近平总书记"重视家庭建设，注重家庭、注重家教、注重家风"的指示精神，邢台市信都区教育局将亲子阅读和书香家庭建设作为家校合作与区域阅读的双引擎，引导全域教师培育书香家庭，指导广大家长共建书香家庭，引领各学段学生融入书香家庭，摸索出了一条"城乡广泛参与、各学段有效衔接、家校协同并进"的书香家庭建设之路，打造浓郁书香氛围，共建书香社会。

建设书香家庭是共识，但如何建设书香家庭却因区域经济发展水平、家校共育理念、家长文化程度等因素而方法各不相同。信都区（原邢台县）山区面积大，农村学校多分布在太行山区。家长们或外出打工，或在家务农，存在家庭经济状况差、教育观念陈旧等问题，都为建设书香家庭增加了诸多困难。结合本区域的地域特点，信都区教育局探索建立"三步走"新路径，有效破解区域限制的问题，着力打造书香家庭建设全面开花的新局面。

从"不想动"到"动起来"——区、校、班、家四级联动

阅读是培育和弘扬社会主义核心价值观的重要途径，是提高教育软实力的重要手段。2014年9月，信都区教育局立意鲜明地提出"十年百卷"读书行动计划，在全系统下发了《开展"十年百卷"读书行动的实施方案》。在这个纲领性文件中，明确将"创设家庭亲子共读氛围"作为目标之一，从区级层面进行"十年百卷、九年千万（义务教育阶段阅读量达到一千万字）、亲子共读"战略规划，拉开书香家庭建设的序幕。

阅读与每一个人的精神发育息息相关。2019年3月，为进一步落实新教育实验十大行动之一的"家校合作共育"工作，教育局制定并印发了《深入推进新教育实验工作方案》，将书香家庭建设作为重要组成内容，融入家校合作共育工作中去。

在区级整体规划与推进中，各校纷纷行动起来。

信都区幼儿园秉持"幼儿入园、家长入校"的原则，在幼儿入园之初，开展阅读调查摸底，为书香家庭建设进行把脉；成立"幼荷新父母"成长工作室，注重沟通合作和科学引导，将每一项阅读活动尽可能地辐射到所有在园幼儿家庭；创办"幼荷小电台"，由家委会负责，每天广播亲子阅读故事；与区新华书店联合创办了河北省首家"校园绘本馆"，丰富园内图书，并将该模式在全省新华书店系统进行推广。在工作实践中，信都区幼儿园形成了自己的特色，推出了"阅读的十八般武艺"（包括基础阅读的晨读、午会、晚讲，园长故事会、义工故事会、周末故事会、幼荷聊书吧、幼荷故事吧；展示阅读的幼荷公益行、绘本剧展演、阅读大剧场、义工故事大赛、绘本原创大赛；专业阅读的共读共写、区角游戏、引桥阅读培训、主题阅读课程、领域阅读课程等）。其中"晚讲"是家庭进行的亲子阅读；"义工故事会"是幼儿父母在幼儿园开展的讲故事活动；"幼荷公益行"是组织城区内幼儿园家庭和农村家庭进行阅读互动，带动更多家庭参与到阅读中来；"引桥阅读培训"是对家庭阅读从幼儿园到小学阶段的衔接培训，让父母在孩子进入小学后仍能陪伴阅读。众多的活动吸引了尽可能多的家庭参与亲子互动。"阅读的十八般武艺"真正实现了新教育实验发起人朱永新教授所倡导的：把阅读和书香家庭作为教育的两大基石。"原来家长们都只知道信都区幼儿园的硬件好、伙食好，入园后才发现幼儿园的精神食粮更丰富。"园长郝瑞霞说，"我们要把阅读做成信都区幼儿园的金字招牌，其中重要的支持力量来自家长。"

邢台新教育第一实验小学是2017年新成立的一所学校，在建校之初，学校就把"阅读"纳入学校的顶层设计中，营造环境、开设课程、组织活动、全员参与一项也不少，而亲子阅读作为重要一环，得到了校长王翠芳的高度重视。2020年10月，在北京参加培训的王翠芳校长请假回校参加新生家长会，一项重要的任务就是向家长们讲解学校的办学理念，推广"五个一"书香工程，以亲子共读为切入点，致力让家长与孩子的阅读和亲子陪伴成为习惯。"五个一"即"一张书桌、一盏明灯、一个书橱、一次图书馆、一场爱的陪伴"。王校长说："在这个关键节点，我是一定要回来的，推广阅读，必须引导家长参与，只有从观念上先认同，才能从行动上跟随。"

区各学校对书香家庭建设的重视，激发了教师推动阅读的积极性。教师们在打造书香班级之余，将阅读拓展至学生家庭。范伟霞老师在保证每周两节阅读课的基础上，将每周一、周四晚上八点设为班级家庭共读时间，分享了《纸袋公主》《有麻烦了！》《活了100万次的猫》等绘本，家长与孩子们阅读的习惯逐渐养成；郭玉霞老师借助信息技术手段，组织学生进行读书打卡，一位每逢阅读课就不想去图书馆的"调皮男孩"，在老师和家长的鼓励下，积极参与了《吹牛大王历险记》共读活动，开启了阅读兴趣的大门；李瑞芳老师充分了解本班学生家庭环境，从学生熟悉的生活出发，引导他们爱上阅读。一名父母在花卉市场工作的学生，在李老师的引导下，从《树先生成长记》开始读起，开启了自己的读书之旅。他把故事读给绿萝听，读给水仙听，读给更多的花卉听，读给更多的人听，一颗阅读的种子在书籍的滋养下生根发芽，熠熠生辉。

学生是一根纽带，连接起学校和家庭，一批家庭率先行动起来。白立芬老师在最初组织"十佳绘本"制作评选活动的时候还颇为担心，结果没想到仅仅一天便收到15个家庭提交的作品，参与热情令她始料不及；信都区幼儿园大班学生阳阳的妈妈起初觉得阅读是个苦差事，在老师推荐下，用《公鸡的新邻居》和《三叶草带来的幸福》两本绘本便解决了孩子的交友困境，进而敲开了亲子阅读的大门；信都区太子井乡石坡头的村民张增凤大姐是教师圈和家长圈中的"名人"，提及她，人人都竖大拇指。原因有两个：一是阅读。虽然她自己没有什么文化，却将两个女儿都送进了名牌大学，每当有人向她请教教子成功的秘诀时，她总把"阅读"二字挂在嘴上。她虽然不是老师，却和老师们一起阅读，"新书试读"中常常能见到她的身影。二是成长。她不愧是成功孩子背后的优秀父母。虽然年逾半百，却保持着旺盛的学习热情，区里组织的家长讲座她场场不落。这位普通妈妈"不功利的学习与阅读"精神感动着许多人，成了信都区家长们的榜样，影响着更多家长行动起来。三是共享。她在村里凭一己之力，筹建了家庭书房，自己购书，指导村里孩子阅读。

迈出第一步就是好的开端。区、校、班、家四级联动机制，让书香家庭建设从一个个单独的家庭，变成信都人协同前进的共同体。书香家庭建设，随着区级蓝图构画、校级策略实施、班级广泛推广、家庭应声而动，书香弥漫太行，浸润信都社区。

从"不会做"到"教你做"——培树理念、多措并举

"绘本一共就那么几页，还那么贵，两三眼就看完了，一点都不值。""我知道阅读重要，但不知道该怎么和孩子一起读。""读些什么书，才对孩子有帮助？"这些问题在倡导阅读之初常常困扰着家长，当家长行动起来之后才发现，亲子阅读并不只是陪着孩子读读书那么简单。

面对家长的诸多痛点,教育局从培树理念开始做起,先后邀请朱永新、孙云晓、蓝玫、刘殿波等众多国内家庭教育知名专家进行讲座,《今天我们如何做父母》《用心做父母》《用阅读架起亲子沟通的桥梁》等讲座从多重维度为家长提供了科学有益的指导,保障了家长阅读指导的科学性和育人观念的先进性,为构建良好的亲子关系,形成家庭、学校、社会三位一体的协同育人体系,促进信都区青少年健康成长奠定了良好基础。

2018年11月15日,新父母学校蓝玫名师工作室在邢台新教育第一实验小学揭牌成立。2019年5月,"青吟·新父母讲堂"项目正式启动。2019年10月19日,全国新家庭教育试验区落户原邢台县。2020年3月22日,"青吟·新父母讲堂"线上第一讲正式开启。疫情期间,教育局变不利为机遇,充分把握家长和学生因疫情只能宅在家里的契机,联合新家庭教育研究院,发起"新疫情、心行动""亲子日常生活三个三"活动——一日三省、一日三事、一日三餐,用亲子伴读、伴行、伴成长共抗疫情。240场线上线下讲座,吸引了全国20余万人次收听收看。随着活动的影响力不断扩大,也让受益群体逐步增多,家长落后的教育理念发生了改变。活动引导了学生父母科学教育、助力孩子智慧成长,为实现家校深度合作提供了新途径,打开了新局面。

借力专家资源的引领和支持,家庭教育指导师团队能力不断提升。全区现拥有家庭教育讲师160余名,先后有107名教师获得了中国电化教育馆颁发的国家高级家庭教育指导师证书,一支具有丰富的家庭教育专业知识、实践经验和科研能力的家庭指导团队已然形成。其中,孟兴国、袁晓燕、李秋、孟秋芹等一批骨干讲师成员迅速成长起来，他们以"讲一个故事、教会家长一个办法、解决一个家庭教育实际问题"为目标和路径，从诸多家长关注度高、亟待解决的问题为切入点，针对孩子习惯养成、家庭亲子关系、父母亲子陪伴与共读等问题，相继开展讲座与父母交流指导，参与家长达万人次之多，收到家长学习心得2000余份，得到家长们的广泛好评，也因此得到了大家的大力支持，家长的参与热情和积极性持续攀高。家长们由原来的教育"旁观者"，成为学校管理的参与者、教育成果的分享者、教育研究的合作者，家校关系愈加紧密和谐。

信都区各学校的讲师团队也陆续成立，多所学校开设新父母大课堂，邀请父母参与到学生的学习生活中来，"知其忧、解其惑、伴其行"。形式不同的新父母大课堂为学生家长成长提供着养分：会宁中学从2016年3月开展"家长大课堂"以来，由家庭教育指导师、生涯规划师、心理咨询师等18人组成讲师团，举办了30余场讲座，培训达万余人次。北小庄中心学校利用新父母学校工作群，精选中国青少年研究中心研究员、家庭教育首席专家孙云晓先生所著《习惯养成有方法》一书，实时互动交流，答疑解惑，效果显著。冀家村中心学校为推动学校阅读与家庭阅读相结合，向父母推荐了《家校之间有个娃》《中国家庭教育蓝皮书》等共读书目，并按照学段向家长精准推送亲子阅读图书，全面指导家长开展阅读。皇台底中学开设爱国主义教育、生命教育、职业生涯教育等专题讲座，《为人父母就是一场修炼》《给亲子关系加加分》等内容，助力家长掌握家庭教育方法，培养学生成为有情有义有担当的新时代少年。疫情期间，为缓解家长的焦虑情绪，宋家庄中心学校以《网课背景下家长的焦虑与困惑》为主题，相继开展"感谢""宽容""放手"等主题讲座，倡导家长珍惜与孩子的共处时光，宽容并接纳孩子的不足，把成长的权利还给孩子。各学校从家长需求出发，逐步将"发现什么问题讲什么、解决什么痛点讲什么"的零散式讲座做成系列，由浅入深，由现象上升至理论，从理论反哺于实践，充分发挥着家长的辅助作用，从对家庭教育如何不缺位的思考出发，通过组织亲子活动、书信互诉心声、组织专题讲座等方式，多管齐下唤醒家庭教育的有为、在位，得到了家长们的高度认可和评价。

当众多家长逐步树立了正确的亲子伴读理念后，信都区教育局不断完善顶层设计、多措并举，助力书香家庭建设。

（一）以课程提升学生阅读能力，小手拉大手

为营造良好的家庭阅读氛围，信都区从提升学生阅读能力着手，让学生成为家长的领路人，小手拉大手，带动书香家庭建设。一是引进高端课程。在全区所有学校开设晨诵课，用诗意开启美好的一天；引进"童喜喜说写课程"，借鉴"读写之间说为桥"课程理念，实现深化阅读、精练口才、轻松写作的目标；引进宜格思英语课程，积极探索开展多学科阅读活动。二是自主研发课程。以选择适合全区各学段学生阅读能力的图书为出发点，以提升学生阅读兴趣为目标，以创设轻松愉快的课堂为宗旨，由信都区教师自主研发的"新语文悦读课程"应运而生，历经反复探索、改进、选书、实验，于2017年9月在区域内的14所学校56个班级正式启动。该课程贯穿小学一至四年级，与国家课程标准紧密结合，兼具趣味性、可延展性和学科整合性，并提供配套教师用书《新语文悦读导赏手册》，为教师开设、推进该课程提供了极大的便利。周一至周五每晚有一位骨干教师在CCtalk平台"新语文悦读大讲堂"开展导读引领、教学设计、交流教研等主题活

动,探索崭新的阅读模式。在全区教师中成立的读书组织——"青吟读书会"上开设"新悦读"专栏,陆续展播优秀教学设计、课堂实录、论文等内容。"新语文悦读课程"首先促进教师读起来,其次大大增加了学生的阅读量,落实了《义务教育语文课程标准(2011年版)》中对小学一至四年级学生45万字的阅读量要求,同时还创设了由家庭完成的阅读延伸课程。比如,学生在学校共读了《环游世界做苹果派》,回家和父母一起做一个苹果派,不仅密切了亲子关系,还让阅读有了生活的味道,从而在轻松愉悦的"悦读"中,全面推进了素质教育的发展。三是创意开设个性化课程。全区中小学基于校情和学生的兴趣需求以及教师的特长优势,探索学科课程、活动课程、跨学科融合课程三大类阅读课程研究。有的学校开设了电影课程,将图书与电影相结合,促进阅读深入开展;有的学校尝试开展基于阅读的戏剧课程,极大地提升了学生的阅读兴趣,形成了全员参与的良好氛围;有的学校把"阅读"贯穿在各类校本课程的研发和实践中。例如,邢台新教育第一实验小学的"风筝"课程,就以"风筝"为主题,举办了读、唱、做、放等丰富多彩的活动;还有的学校因地制宜,开展了阅读与实践相结合的劳动课程;等等。多种多样的方式,让阅读融入生活,让学生的成长多了一份情趣。

邢台新教育第一实验小学开设"风筝"主题课程

(二)以平台助力书香家庭建设,阔步拾级向上

展示平台:区教育局积极搭建舞台,让家长从幕后转到台前,从配角变成搭档,与孩子一起享受活动带来的美好体验。近年来,在每年的重磅级活动"六一儿童节展演暨新教育艺术节"上,必不可少的是亲子类节目。如2019年举办的全区第二届新教育艺术节展示的亲子舞台剧《你看起来好像很好吃》,就以其温情感人的表演,获得广泛好评。在青吟诵读群,家长们参与了经典诵读、国学吟唱、"我和我的祖国"朗诵会等活动,相继刊发在区域媒体"青吟公众平台"上的优秀作品,无不令人耳目一新。

信都区（原邢台县）第三届新教育艺术节展演活动

参与平台：在全区招募义工"故事家长"，发动一批热心积极的家长，带动一批跃跃欲试的家长，转变一批观望等待的家长，最终逐步形成全员参与的良性循环；开办"周六故事会""妈妈故事课堂"等活动，邀请家长到学校参观绘本馆，开展亲子游戏、分组听读故事、寻找友情等绘本延伸活动，既指导了家长亲子共读的技巧和方法，密切了亲子关系，改变了家长的教育理念，又促使父母将在学校活动中学到的阅读知识在家庭教育中得以实践，真正实现了家长与孩子一起成长的目标。

交流平台：开设"青蓝·新父母俱乐部"，侧重通过一些寓教于乐的活动，加强学校与家庭之间的沟通及学生家长彼此之间的交流对话，缩短学校、家长和教师之间的心理距离。该俱乐部以学生父母为主导，每月至少举办一次活动，家长代表担任俱乐部部长，负责组织策划，形式可以是家长读书会、主题研讨或茶话会等。家长们可以分享自己的育儿经验，畅聊家庭教育中遇到的困惑，或者向大家推荐书籍等。俱乐部的开设，让更多的家长有机会进行面对面的交流探讨，彼此启发，相互学习。

共享平台："献一本得千本""图书漂流"等活动，让学校与家庭之间的图书、家庭与家庭之间的图书流动起来，发挥出了图书的最大价值，减轻了家长的购书负担。该举措不仅极大丰富了学生的阅读内容，还可以动态监测学生都读过哪些书，为共读活动高质量开展铺路搭桥。区教育局除每年让师生精选书目、加大图书购置投入外，还积极引进"歌露营"故事广播、"担当者"班级图书角建设、"彩虹花小额基金"等公益资源，全方位提供阅读保障。

温馨平台：一些学校每年的"帐篷节"是家长和孩子最喜欢的活动之一。家长和孩子们以绿草为床，天空为被，校园为家，帐篷为房，在自己独有的空间里，阅读着一本本绘本、小说、童话故事……

享受着静谧的亲子阅读时光。

表彰平台：定期举办"晒晒我的小书架""家庭图书馆""书香家庭"评选活动，以评比添动力，以表彰促发展。通过设立表彰平台，鼓励家长为学生设置固定阅读区，固定亲子阅读时间，提升家庭藏书量，促使家庭成员形成阅读习惯，创造浓郁阅读氛围。

从"一个点"到"点线面"——构建书香家庭新生态

自区域全面推动书香家庭建设以来，许多家庭都在其中受益。宋家庄中心学校已经上四年级的小沙，阅读能力和阅读量都超过同龄人，理解能力和记忆力也很出色，这得益于从幼儿时妈妈就意识到亲子阅读的重要性，坚持每晚陪伴小沙读书；整天捧着手机玩的一年级学生梓渊，令妈妈头疼不已、非常焦虑，自推进书香家庭建设后，梓渊妈妈在家里最显眼的位置安装了书架，购置了图书，不仅陪伴孩子阅读，甚至还和孩子玩起了情景扮演，开展一场小型的表演秀。通过这样的方式，孩子不仅丢掉了手机，养成了爱读书的好习惯，家长也在陪伴的过程中，懂得了终身学习的重要性，与孩子一同成长进步。疫情期间，家庭成员之间与书本的距离，因为"宅家"被拉近。学生安安的妈妈在谈及阅读带来的变化时说："因为阅读，许多恐惧、紧张和悲观的情绪得以释放，我们从阅读中获得了不一样的'免疫力'，渐渐找回希望、信心和温暖。"信都区幼儿园东东的妈妈在面对撒泼打滚易发怒的宝宝时，用一本《我变成一只喷火龙了》的绘本，让孩子不再"喷火"，同时建立起了平等、亲密、和谐的亲子关系……这样的例子比比皆是。

信都区在推进书香家庭建设中，凸显了三个特点：一是书香家庭建设以城市为试点，逐步向山区农村蔓延。教育局根据全区不同地域情况，采取分类推进的策略。首先在经济基础相对较好、家长文化水平较高、教育理念相对先进的城区和近郊选取试点学校推进书香家庭建设；在推广过程中，逐步丰富活动类型，不断调整指导政策；奠定一定基础后，将较为成熟的策略提供给浅山区、深山区农村学校，形成"城市先发展、农村快步追"的良好发展格局。目前，信都区幼儿园已经形成"园、校"协同发展的完整的"阅读十八般武艺"体系，正在尝试开通线上线下共读指导模式，图画书阅读家园合作的模式进一步延伸。二是学生由低到高，以绘本为起点，向整本书阅读迈进。基于"家长阅读指导能力有限、学生阅读兴趣需要培养"的状况，结合绘本阅读时间短、字少画多，适合起步阶段使用的特点，在幼儿园和小学低年级从绘本阅读出发，让家长每天只用5分钟、10分钟就能完成一次亲子阅读，而且孩子非常感兴趣，无须占用太多精力。但是"小故事大道理"，小绘本中有大学问，既能启发孩子，也让父母受益匪浅。随着孩子的成长和阅读能力的提升，家长指导能力也在不断提升，学生的阅读能力也随之提升，家庭阅读也自然而然地从绘本开始转向桥梁书乃至整本书。这样降低起步阶段的伴读难度，实则是"磨刀不误砍柴工"，因为阅读习惯一旦养成，书香家庭建立必将能够持续推进。三是以优秀书香家庭为表率，逐步建立起成长共同体。在推进书香家庭建设进程中，信都区的学校和教师敏锐地挖掘出一批能力较强、配合程度较高的"家长优等生"。以其为轴心，发挥他们的带头作用，给予其充分的信任和自主权，扩大辐射半径，建立起书香家庭发展共同体，实现共同提高、协同前进。

随着书香家庭建设的深入开展，家庭阅读生态发生了变化。最先发生的是家庭环境的变化。"在推广家庭阅读之前，我们很难想象有的家庭除了孩子的课本，整个家里竟然找不出第二本书来。"浆水中心学校的张新芳老师说，"我曾经去过一个学生家里家访，黑漆漆的房间，即使白天也要开灯。家里卫生状况很差，家庭并不富裕。家长觉得，看课外书就是看闲书，没有闲钱买那些，学好课本知识就足够了。但随着书香家庭建设活动的持续推进，这个家庭的情况也随之发生了变化。在学校开展的一次世界读书日荐书活动中，我惊讶地发现，这个孩子从家里带来了一本有关外星探秘的书籍。也许就由这一本书，孩子就踏上了科学探秘的旅程。"目前，很多家庭的存书都实现了"零的突破"，尤其是在贫困家庭中，存书量看似不大，却已经是质的飞跃，说明一个家庭对于阅读理念已经发生了根本性的转变。随着活动的持续推进，很多孩子拥有了自己的书桌、书柜，有了属于自己的阅读区域。

还有一个变化是，购买书籍投入占家庭支出的比例提升。在最初开展"献一本享千本"活动中，经常出现孩子拿着盗版书的情况。"绘本那么贵，10元3本一样看，内容也没什么区别，甚至还多了拼音。""什么盗版正版，无非就是纸稍差一些。"很多家长在座谈时曾这样说。而随着活动的不断深入，家长的认知发生了改变，他们懂得了绘本的颜色是画家埋下的小伏笔，略微的偏差都可以导致孩子出现错误的阅读认知；他们懂得了盗版书的错别字、重影、油墨的不环保等问题会极大地影响孩子的阅读体验，这些对孩子是百害而无一利的。从此，家长们为孩子买好书更舍得花钱了。

目前，通过"家庭图书馆"等评比活动，我们欣喜地看到家庭对于图书的支出占比显著提高，家庭藏书量从几本、几十本到数百本，乃至上千本，藏书数量明显提升；藏书类型也从单一走向丰富，家长在选书过程中可以为孩子提供更多的正确指导，也给予了孩子更多的选书自主权，书本类型不再局限于"作文大全""如何写好日记"等，逐步囊括历史、科学、文学等内容，更多经典图书走进了学生书橱；家长甄别优质图书的能力提升，藏书质量从低到高，对于不同的出版社、知名作家有了更全面的认识和了解，盗版图书鲜有出现在学生手中了。打卡书店、图书馆成了家长和孩子们的新潮流。

特殊家庭因书香家庭建设而变得温馨。单亲家庭、再组家庭、留守儿童家庭、孤儿家庭这些特殊的家庭，往往会存在教育的空白甚至缺憾，而原生家庭带来的创伤往往需要用一生去治愈。但随着阅读进入家庭之后，家长们纷纷反映，自己与孩子关系亲密了，孩子从胆小变得勇敢了，原来自卑的孩子，现在也敢于敞开心扉了。路罗中心学校五年级的学生小涛，父母常年在外地打工，虽深知教育的重要性，无奈距离太远插不上手，而爷爷奶奶帮忙带孩子已属不易，即使知道老人娇惯、溺爱孩子，却也不忍过多要求和苛责，导致孩子叛逆，亲子关系一度紧张。小涛父母在跟随线上学习一段时间后，开始了每天坚持通过视频给孩子讲故事，和孩子共读一本书，他们之间的交流从原来除"吃饱穿暖"之外便无话可说，到现在会以"你最喜欢书里的哪个人物，这本书中的哪个情节令你感动"为话题的畅所欲言，亲子关系发生了极大改变。

生活中最熟悉的陌生人在阅读中熟悉、相知。在孩子成长的过程中，一些家庭中父亲角色缺席，爸爸竟成了孩子眼中"最熟悉的陌生人"。据统计，超过55%的家庭以妈妈陪伴为主，而以爸爸陪伴为主的则仅有12.6%。在前期调查中发现，有的孩子爸爸表示工作忙，没有时间陪伴；有的表示不知道该和孩子做些什么。随着书香家庭活动的推广，越来越多的父亲不仅参与到亲子共读中来，许多活动的参与率也大为提高，家庭的幸福指数因此持续攀升。"受原生家庭的影响，从小我的父母就是沉默的、严厉的，我很少跟父亲有互动。因此当我有了孩子之后，我也根本不知道该如何跟孩子玩耍、交流。"邢台新教育第一实验小学学生萌萌的爸爸说，"但是，有一次在讲座中我接触到了绘本《小豆子》，内心十分触动。在听了《中国教育报》资深记者张贵勇老师的分享后，我借鉴了他跟儿子的书单，尝试着陪孩子一起读书，从最开始一周一次，到后来的每天十来分钟，孩子愿意跟我亲近了，我也觉得很幸福。"

随着书香家庭建设的推进，和谐的家庭氛围也促进了和谐社会的建设。习近平总书记在《之江新语》一书中提道："要真正把读书当成一种生活态度、一种工作责任、一种精神追求、一种境界要求。"经过近些年的努力，信都区教师、学生、家长的面貌都发生了翻天覆地的变化，阅读成为家校交流新模式、家庭发展新动能。书香家庭建设如同一股清泉，所经之处，万缕飘香，浸润着太行山下的每一个角落。

通过推动亲子阅读，家庭成员之间的关系也日益和谐。在现代家庭中，家庭成员之间没话聊，"一人一个手机"的尴尬无聊场景几乎成了常态，夫妻之间、婆媳之间以及二胎之间的小分歧、小矛盾让快节奏的生活更多了"一地鸡毛"，而这些问题，都在共同阅读的过程中得到了有效解决。家庭成员之间敞开心扉，家庭在阅读中建立共同的语言密码、精神密码，也促进了幸福和谐家庭氛围的形成。

通过推动亲子阅读，家长与学校之间的联系也更加紧密。在参加学校举办的各项活动时，家长的态度从"敷衍忽视"转变为"积极主

动",出现了"两低两高"的明显变化——缺席率明显降低,隔辈参与率降低,学生父母尤其是父亲参与度提高,家长配合度明显提高。

阅读在促进家庭和谐的同时,也有利于促进社会和谐。四年级学生润初的妈妈分享了一个故事:"孩子很小的时候,我们就陪着她一起读书。为了扩大交流范围,我们家经常举办读书会,邀请同样爱读书的朋友、邻居等其他家庭一起阅读。通过这样的读书形式,不仅增进了孩子之间的交流,朋友和邻里之间的关系也增进了,感情也加深了。"

在推动区域书香建设的过程中,信都区成绩斐然。在"2019—2020年中国新父母年度人物评选活动"中,信都区青少年活动中心获组织奖,信都区青少年活动中心姚吉林获入围奖,会宁中学张彩玉获提名奖,将军墓中心学校王俊芳获特别行动奖;冀家村中心学校副校长李秋荣获2020—2021年"新父母榜样"荣誉称号;信都区教育局副局长樊青芳荣获"中国教育报2016年推动读书十大人物",路罗镇中心学校副校长孟兴国荣获"中国教育报2017年度推动读书十大人物"提名奖;9位教师荣获"河北省家长学校优质课"奖;5位教师荣获"2017年全国新教育实验家校共育行动叙事评选"奖;18所学校获评省级示范家长学校，30所学校获评市级示范家长学校。信都区幼儿园推动书香家庭建设被《河北教育报》刊发；2018年，邢台县教育局荣获中国教育新闻网等单位联合授予的"年度阅读推广机构"荣誉称号。

家庭阅读从书荒到书海，全民阅读从倡导到践行，信都区找准家校之间的最大公约数，最佳连接点。"从城市到乡村，从学校到田野，我们感受到越来越浓烈的书香氛围；从校园到家庭，从莘莘学子到耄耋老人，阅读激情正在被充分激发。"信都区教育局副局长、"青吟读书会"发起人樊青芳说："信都区的书香家庭建设正逐步走向日常化、专业化、精准化。我们还将持续利用信息技术手段，推进线上书屋建设，持续开展线上讲座，开办品牌化阅读活动，消弭城乡之间的阅读鸿沟，让广大农村和太行深山边远乡镇的家庭都有书读，让优质文化资源惠及更多家庭，推动形成家庭阅读、全民阅读的新风尚。"

后　记

　　历经反复梳理，多次修订，《如何建设书香家庭》一书终于呈现在读者面前。在本书中，信都区教育局以"幼儿园"和"小学"为板块，以"信都区幼儿园"和"邢台新教育第一实验小学"为样本，通过"班级篇"和"家庭篇"两部分，尽可能呈现更多的、有代表性的案例；在"区域"板块，信都区教育局将探索的路径、经验得失与深刻思考呈现出来；整本书融合性地展现了信都区从幼儿园到小学推动书香家庭建设的实践进程，意在为广大教育区域的教育工作者提供一二参考和落地抓手，以求能给予读者更多的思考和借鉴，能够持续且深入地将阅读与家校合作相融合，让教育中的每一个"参与者"成为"受益者"。

　　在本书成稿过程中，邢台市金华实验小学教师李楠、邢台市信都区幼儿园园长郝瑞霞、邢台新教育第一实验小学校长王翠芳都以高度的教育责任感和深沉的教育情怀，广泛组织、精心打磨、缜密思考，从雏形到完稿，为本书倾注了大量心血。同时感谢山西教育出版社给予的大力支持和帮助，感谢责任编辑细致专业的沟通，使这本书尽可能呈现出最真、最美的样子。

最后，向长期以来关注信都教育事业，持续引领信都教育发展的中国陶行知研究会会长、新教育实验发起人朱永新教授，中国家庭教育学会副会长、教育部家庭教育指导专委会副主任孙云晓先生，中国教育学会家庭教育专业委员会副秘书长、国本家庭教育研究中心常务副主任蓝玫女士致以诚挚的谢意！

图书在版编目（ＣＩＰ）数据

如何建设书香家庭／樊青芳编著.— 太原：山西教育出版社，2024.3（2024.6重印）
（家庭生活教育丛书）
ISBN 978-7-5703-3407-0

Ⅰ．①如… Ⅱ．①樊… Ⅲ．①阅读辅导-家庭教育 Ⅳ．①G252.17②G78

中国国家版本馆CIP数据核字（2023）第129090号

如何建设书香家庭
RUHE JIANSHE SHUXIANG JIATING

选题策划	潘　峰
责任编辑	崔　璨
复　　审	刘晓露
终　　审	郭志强
装帧设计	陈　晓
印装监制	蔡　洁

出版发行　山西出版传媒集团·山西教育出版社
　　　　　（太原市水西门街馒头巷7号　电话：0351-4729801　邮编：030002）
印　　装　山西新华印业有限公司

开　本	890 mm×1240 mm　1/32
印　张	8.625
字　数	196千字
版　次	2024年3月第1版　2024年6月山西第2次印刷
书　号	ISBN 978-7-5703-3407-0
定　价	36.00元

如发现印装质量问题，影响阅读，请与出版社联系调换。电话：0351-4729718。